ESGと
商事法務

森・濱田松本法律事務所
ESG・SDGs プラットフォーム
—編著—

ENVIRONMENT,
SOCIAL,
GOVERNANCE

COMMERCIAL
LAW

商事法務

はしがき

ESGとは、Environment（環境）、Social（社会）、Governance（企業統治）の頭文字をとったものである。

この一見すると性質が異なる三つの要素を一括りに論じる共通項は何であろうか。一つの説明としては、いずれも、財務諸表には直接表れないまたは財務数値を用いた管理には馴染まないものの、中長期的に企業価値に重要な影響を及ぼす要素だということである。投資判断又は企業経営においてESGを重視するということは、投資先又は自社の企業価値又は株式価値を判断する際に、その非財務情報のうち、とりわけE・S・Gの三つを特に重視すべきことを意味する。

そして企業経営上のESG要素への配慮の重要性について認識が浸透した結果、企業活動のあらゆる局面でESG要素を検討せざるを得ない時代となった。これに伴い、企業活動上ESG要素を考慮するに際し、様々な商事法務の論点も生じるようになっている。そこで、本書においては、主要な企業活動ごとに章を設けて、そこで生じるESGと商事法務の接点を解説することとした。また、各章は、それぞれの対象分野の法務に精通する弁護士が執筆を分担する形をとった。

本書は、執筆者の一部が旬刊商事法務誌上に掲載した3回連載「ESGと商事法務」（同誌2255号〔2021年2月25日号〕、2257号〔同年3月15日号〕、2258号〔同年3月25日号〕）の論考を中心としながら、新たに項目を追加して大幅に書き下ろし書籍化したものである。連載中は同誌編集部に、書籍刊行時には株式会社商事法務コンテンツ開発部の皆さんにお世話になった。ここに厚く御礼申し上げたい。

2021年11月

執筆者を代表して　近澤　諒

目　次

第1章

ESGと商事法務（概観）

ESGとは、Environment（環境）、Social（社会）、Governance（企業統治）の頭文字をとったものである。もはや説明を要しないほど企業社会では広く浸透した言葉である。

もっとも、個別にみていくと、なぜこの三つを同列に並べて投資判断や企業経営上の重要事項と扱うのか、判然としないところもある。まず、G（企業統治）に関しては、法令遵守、内部統制、適切な情報開示、社外取締役による監督など、会社法にも規定されているような事柄が並ぶ。これに対し、E（環境）やS（社会）には、公害や環境汚染の防止、人権侵害の禁止など、本質的には、公共財を害するような外部性を有する活動に対する政府による規制の問題が含まれているように映る。

これらを一括りに論じる共通項は、いずれも、財務諸表には直接表れないまたは財務数値を用いた管理には馴染まないものの、企業価値に重要な影響を及ぼす要素だということである。投資判断や企業経営においてESGを重視するということは、投資先や自社の企業価値・株式価値を判断する際に、その非財務情報のうち、とりわけE・S・Gの三つを重視すべきことを意味する。

このような企業経営上のESG要素への配慮の重要性に係る認識が浸透した結果、企業活動のあらゆる局面でESG要素の検討を要する時代となった。そして、これに伴い、各局面でESG要素を考慮するに際し、様々な商事法務の論点も生じるようになっている。そこで、本書においては、第2章以下の各章で、主要な企業活動ごとに、そこで生じうるESGと商事法務の接点を解説する。

まず、ESG投資・ESG経営の考え方が浸透すれば、会社の最高意思決定機関である株主総会における意思決定やその前提となる株主との対話においてもESGが重要課題となる。経営上のESG課題への対処について、株主と経営者の間に見解の相違があれば、株主提案その他アクティビスト株主のキャンペーンなどに発展する。個別のESG課題の対処やESG情報の開示にとどまらず、エクソン・モービル社の事案のように取締役選任議案の形で、経営上のESG課題に資する取締役会構成となっているかが問われる例も登場している（第2章）。

かかる環境下、重要な業務執行の決定や経営陣の監督を担う取締役会においては、企業価値に重要なESG要素を適切に把握・考慮した上で中長期戦略・計画を策定し、経営陣によるESG課題への取組みを適切に監督する必要がある。透明性や客観性の観点からは、社外取締役による積極的な関与も期待され、ESG要素の検討等を目的とする委員会を取締役会のもとに設置することを検討する例もある（第3章）。

そして、このようなESG要素を織り込んだ中長期戦略・計画の実現やESG課題への取組みを促進するためには、これを担う経営陣に対して適切なインセンティブを与える必要がある。そのため、ESG要素（ESG関連のKPI）を用いた役員報酬の活用が検討されることとなる。株主からもESG報酬の導入への期待は高く、日本においても、その導入が進んでいるが、ESG指標については財務指標のような定量目標の設定が困難な場合もあり、実務上の悩みも多い（第4章）。

また、株主を含む資本投資家は、そもそも各社がいかなるESG課題を有しており、これに対してどのように取り組んでいるのか、十分な情報を有していないことが多く、ESG情報の開示の充実への期待は高い。企業側からみれば、いかなる媒体で、いかなる内容のESG情報を開示するかが重要な論点となる。「媒体」に関しては、統合報告書等の任意開示書類が中心であったが、徐々に有価証券報告書等の法定開示書類での開示が拡大している。「内容」に関しては、各種の基準・フレームワークが乱立しているが、各法域において法制化が進むとともに、IFRS財団による財務情報開示との統合的なフレームワークの策定も進む（第5章）。

ESGに関心が高いのは株主や資本投資家だけではない。金融機関もESG投融資への関心を高めている。個々の経済活動に伴う正や負の外部性を金融資本市場が適正に織り込み、とりわけ、E（環境）やS（社会）を考慮した投融資を行うことで、様々な社会課題の解決が促進され、当該社会に属する経済活動が全体として拠って立つ基盤が強化される。このような考えのもと、グリーンボンド（ローン）やサステナビリティ・リンク・ボンド（ローン）などの新たなESG関連の金融商品が生まれ、企業側から見れば、ESG 課題への取組みを通じて、これまでとは異なる形式・条件での資金調達も可能となる（第6章および第7章）。

企業経営上最も重要な投資活動の一つであるM&Aにおいても、ESG要素の考慮に関する議論が活発である。ESG 要素が企業活動上のリスク要因となり、かつ収益機会ともなる今、M&A の実施に際しては、対象会社のESG 要素に係るリスクおよび収益機会に関する評価・分析を適切に行っていくことが求められる。M&A の各ステップ、すなわち、案件の発掘・選定、デューディリジェンス、買収契約における規定、および買収実行後の統合（PMI）の各ステップにおいて、ESG 要素に配慮する実務が進展しつつある（第8章）。

ESGは、内部統制やリスク管理上も極めて重要な問題となっている。特に近時は、新型コロナウイルスの感染拡大等により社会が混乱する中、企業活動における S（社会）への配慮に対する期待が増大している。特に、2011 年の国連の指導原則の策定等を受け、欧米諸国では法規制の導入も進むなど、「ビジネスと人権」分野への関心も急速に高まりつつある。企業としては、平時における内部統制システムの構築、有事における対象事案の調査・公表等の対応策、いずれの観点からも「ビジネスと人権」に係る自社の対応の在り方を整理しておくことが望まれる（第9章）。

企業活動における ESG 要素への配慮の重要性が高まると、企業を規律する様々なルールの在り方にも影響がある。もとより、ESG やサステナビリティは、社会全体として推進すべき政策目標であり、その達成を妨げるような規制は不要であるし、むしろそれを促進する政策が必要となる。商事法務における議論の一例をあげれば、近時は、独禁法・競争法の世界で議論が進展している。独禁法・競争法は、自由で公正な競争を確保し、需要者や消費者の利益を図ること（独禁法1条）を目的とするものであるが、このような独禁法・競争法が追及する価値の解釈に際しても、ESGの観点を取り込んでいくべきであるというものである（第 10 章）。

最後に、ESG 要素への配慮が企業価値の向上のためにも欠かせないという認識が広く浸透したといっても、事業内容（産業）ごとにかなりの濃淡がある。例えば、資源・エネルギー業界においては、その事業の性質上、E（環境）の重要性が説かれ、サービス業や製造業などの労働集約型産業においては、自社又はサプライチェーンにおけるS（社会）が問題となりやすい。他方、そういった事業特性に応じた濃淡ではなく、ESGの3つの要素（特にEとS）がいずれも重視される業界として不動産業界がある。これは、不動産には、金融機関等から一般事業者まであらゆる属性の企業が関わることに加え、海外からの日本の不動産市場への投資も活発であるなど、グローバル・スタンダードへの適合の要請が高いことも影響しているものと思われる。そこで、本書では補論として、不動産分野におけるESG課題への取組みをとりあげる（第11章）。

第2章

ESGと株主対応

1 ESG投資の隆盛と株主対応への影響

ESGが株主対応に及ぼす影響について検討するためには、まずその前提としてESG投資がこれほどに隆盛し、メインストリームの機関投資家を含め、あらゆる属性の株主がESGへの関心を高めた背景を理解しておくことが大切である。

近時のESG投資の隆盛をみると、そもそも従前盛んに議論された社会的責任投資（SRI）や企業の社会的責任（CSR）と何が違うのか、素朴な疑問も生じる。2006年に公表された国連責任投資原則（PRI）の影響もあり、ESG投資という言葉が浸透したものの、従前のSRIが衣替えを行っただけのようにも感じる。

この点、世界的なESG投資の潮流の背景にはさまざまな事情があるものの、やはり、従前のSRI等を主導していた社会的インパクトを狙った投資に、経済的リターンを狙う投資が合流したことが大きいように思われる。これを可能としたのは、「ESGに着目した投資は、リスク調整後リターンを改善しうる」という認識の浸透である。[1)]

もっとも、ESG投資によってリスク調整後リターンが改善される、というとき、それが何を意味するのかは必ずしも自明ではないかもしれない。

そこで、もう少し分析的にみてみれば、ESG投資によってリスク調整後リターンが改善されるためには、まず、投資先企業のESG指標上の評価と、その企業価値の評価の間に、正の相関関係がなければならない。この点、ガバナンス（G）が良好である会社が、実際に企業価値を向上させているかという点については、様々な見解もあるが、一定の正の相関関係があることを肯定するものが多い。そして、近時は、環境（E）や社会

1）Max M. Schanzenbach and Robert H. Sitkoff, *Reconciling Fiduciary Duty and Social Conscience: The Law and Economics of ESG Investing by a Trustee*, 72 Stan. L. Rev. 381 (2020).

(S) に関しても、規制リスク、政治リスク、紛争リスク等の各種リスクに繋がる要素であり、これらの管理に優れた企業は、その企業価値を向上させる可能性があり、統計上も有意な相関関係があるとの分析もある[2]。

次に、ESG情報を活用し、上記の正の相関関係から生じる超過リターンを実現する投資手法が存在しなければならない。このようなESG情報を活用した投資手法は、大別すれば二つの類型に分けることができる。一つは、ESG情報は市場に十分に反映されておらず、ESG評価の高い企業群は市場平均よりも高い収益を生むことを前提に、投資「運用」上（つまり投資先銘柄の選定上)、ESG評価を活用するものである。もう一つは、個別の投資先におけるESG課題を発見した場合に、当該投資先との対話等を通じてその課題の是正を求め、これにより投資先の企業価値向上を図るものがある。

このように、ESG投資によってリスク調整後リターン（経済的リターン）にも資するとの認識が浸透した結果、社会的リターン（社会的インパクト）を企図する投資家のみならず、受託者責任の下で経済的リターンの獲得を求められる大手運用機関等の機関投資家も、大挙してESG投資を展開する状況が生じている。例えば、BlackRockのCEOであるLarry Fink氏は、上場会社のCEOに対して毎年レターを発表し、機関投資家としてのBlackRockがその投資ポリシー上重視する事項を説明しているが、同氏の2020年のレターにおいて、「気候リスクは投資リスクである」とのコメントが発表されたことは記憶に新しい[3]。

そして、従前のSRIと同様の社会的インパクトを重視したESG投資も、気候変動リスクやビジネスと人権に着目したNPO等の動きが活発化する中、引き続き盛んに行なわれている。社会的インパクト目的のESG投資は、経済的リターン目的のESG投資と必ずしも排他的関係にあるわけではなく、ESG課題を抱える企業に対しては、異なる投資目的を有する多数の株主が同調し、その解決を迫るようになっている。その結果、従前は泡沫提案となりがちであったESG（特にそのうち「E」や「S」）に関する株主提案も、企業価値にも影響を及ぼす重要事項として認識されるようになった。これに伴い、より短期の経済的リターンの獲得を目指す投資家層によるアービトラージの道具としての活用も始まりつつある。

2）Mozaffar Khan, George Serafeim and Aaron Yoon, *Corporate Sustainability: First Evidence on Materiality* (*November* 9, 2016), *The Accounting Review,* Vol. 91, No. 6, pp. 1697-1724.
3）Larry Fink, *A Fundamental Reshaping of Finance,* available at: https://www.blackrock.com/us/individual/larry-fink-ceo-letter.

このように、ESGは、株主を含む投資家との対話における重要なトピックであるにとどまらず、株主提案等の具体的な権利行使の対象ともなり、かつ機関投資家を含む経済的リターンを投資目的とする株主からの賛同も得るようになるなど、株主対応上も一段上のステージへと上がりつつある。

2 米国におけるESGに関する株主提案等の状況

それでは、次に、ESGに関する株主提案等がなされるとすれば実際にはどのようになされるか、まずは事例も豊富な米国の状況を概観したい。日本においてもESGの「G」に相当する株主提案は一定数存在することから、特に「E」や「S」に関するものに着目する。

なお、以下では米国の状況を紹介するが、米国では勧告的提案に係る株主提案も法制度上は可能であり、ESGに関する経営課題への対処や開示の充実等の提案も、勧告的提案としてなされることが多い。

(1) 株主提案を行う株主の属性

米国では、従前より、「E」や「S」も含めて、ESGに関連する株主提案が相当数なされてきた。S&P1500を構成する上場会社では、ESGの「E」と「S」に当たる提案が年間300件～400件程度提出され、そのうち150件前後が実際に株主総会に付議される[4]。

もっとも、米国においても、ESG関連の株主提案は、大手の機関投資家やヘッジ・ファンドからなされるものではなく、社会的インパクトを狙って少数の株式を保有するNPO等からなされることが多い。アズ・ユー・ソー（As You Sow）、マーシー・インベストメント（Mercy Investment Services）、トリリウム（Trillium Asset Management）といった団体が「物言うNPO株主」として知られている。2021年には、アズ・ユー・ソーは75件以上、マーシー・インベストメントやトリリウムは20件～25件前後のESG関連の株主提案を行った。

また、公的年金基金が主導する株主提案もみられる。もっとも、株主提案を主導的に行う公的年金基金が多数存在するわけではなく、ニューヨーク市会計管理官（New York City Comptroller）の活動が際立つ。2021年に

4）Sullivan & Cromwell LLP, 2021 Proxy Season Review Part 1 — Rule 14a-8 Shareholder Proposals, July 27, 2021.　なお、引用元においては、政治関係（Political）の株主提案を含む意味で、「ESP」という分類を行っている。

は、ニューヨーク市会計管理官は、50件以上の株主提案を提出した上で、当該提案の対象となった企業の多くとの間で和解を行い、各対象企業をして役職員の多様性（ダイバーシティ）に関するポリシーを受け入れる旨を公表させている。

さらに、米国では、宗教関連団体による提案も見られるほか（例えば、前述のMercy Investment Servicesは宗教関連団体でもある）、労働組合や従業員からのESG関連の株主提案も、近時増加している。

⑵　株主提案の内容

ア　個社のESG課題の解決を企図したもの

具体的な提案内容をみると、まず目を引くのは、個社の抱えるESG課題の解決を促すための株主提案である。ESGの「E」についてみると、温室効果ガスの排出削減に関する具体的な目標を提案するものや、気候変動関連の経営施策について「報告」を求めるという形をとりながら、特定の環境課題への対処を促すものが多い。気候変動に関しては大手金融機関が提案者となる例も登場しており、2020年に、BNPパリバが、シェブロンに対し、同社が行うロビー活動の内容がパリ協定の目標に沿ったものとなっているかを調査し、その結果を報告するよう提案した事案なども注目された。[5]

もっとも、近時は、具体的なESG課題への対処その他の施策の実行を求める提案も増加し、その賛成率も上昇している。たとえば、アズ・ユー・ソーが、スターバックスに対し、カップの再利用等を求めた提案は、2018年の株主総会では賛成率は29%にとどまったが、2019年の株主総会では44.5%に達した。その後、スターバックスは、使い捨てカップ削減のための取組みを発表し、2020年の株主総会では同様の提案はなされなかった。

イ　ESG開示フレームワークに沿った情報開示を求めるもの

次に、ESG開示フレームワークに則ったESG情報の開示を求める株主提案も目立つ。米国では、①TCFD[6]の提言に従った気候変動関連情報の開示と、②SASB基準[7]に準拠したサステナビリティ情報の開示を求める機関投資家が多い。そこで、アズ・ユー・ソーのようなNPO株主も、これらのフレームワークに言及してESG情報の開示を求める提案を行う。

5）シェブロンの2020年5月27日付プレスリリース参照。約53%の賛同を得た。
6）金融安定理事会によって設立された「気候関連財務情報開示タスクフォース」（Task Force on Climate-related Financial Disclosures）のフレームワーク。

これまでもTCFDに準拠した気候変動リスクの開示を求める提案は多数存在したが、近時、アズ・ユー・ソーらは、多数の企業に対し、SASB基準に従った「S」の開示、特に雇用管理／人的資本に関する情報開示を行うよう提案している[8)]。対象企業の多くが提案に従う旨を公表し、その結果、アズ・ユー・ソーの提案も撤回されている。

ウ　役員報酬におけるESG指標の活用を求めるもの

そのほか、一般には「G」に位置づけられるであろう役員報酬についても、ESGのうち「E」や「S」に該当する指標と連動する仕組みの導入を求める株主提案が多数提出されている。役員報酬関連の株主提案のうち、約3〜4割が、このようなESG指標を用いた役員報酬に関する提案であるとされている[9)]。具体的な提案内容をみると、アップルやアルファベットに対する持続可能性に係るKPIの活用[10)]、製薬会社に対する薬物依存防止に係るKPIの活用といったものがある。

もっとも、近時米国ではESG要素と連動した役員報酬の活用が急速に拡大しており、シェル、インテル、ペプシ、プルデンシャル、ユニリーバ、チプトルやスターバックスといった著名な企業がこれを導入している（この点の詳細は第4章を参照いただきたい。）。例えば、スターバックスでは、従業員のダイバーシティに関する目標値に連動した報酬を導入している[11)]。このような自主的な取組みの成果もあり、近時はESG要素と連動した役員報酬の提案の増加は落ち着きを見せており、提案に対する賛成率も必ずしも上昇していないという側面もある。

エ　小括

以上のとおり、米国におけるESG（特に「E」と「S」）に関する株主提案の主な事例を整理すると、①個社のESG課題の解決を企図したもの、②ESG開示フレームワークに沿った情報開示を求めるもの、③役員報酬におけるESG指標の活用を求めるものの三つの類型のいずれかに当たるものが多い傾向にある。

7）サステナビリティ会計基準審議会（Sustainability Accounting Standard Board）の定めるフレームワーク。
8）アズ・ユー・ソーのウェブサイトを参照（https://www.asyousow.org/resolutions/tag/SASB）。
9）前掲（注4）参照。なお、そのほかには、クローバック等の仕組みの導入を求めるものも多い。
10）たとえば、アップルのNotice of 2020 Annual Meeting of Shareholders and Proxy Statement参照。
11）Heather Haddon, *Starbucks Ties Executive Pay to* 2025 *Diversity Targets*, available at: https://www.wsj.com/articles/starbucks-ties-executive-pay-to-2025-diversity-targets-11602680401

⑶ 賛成率の上昇と和解的解決の増加

米国でも大手機関投資家株主が自らESG関連の株主提案を行い、または具体的なキャンペーンを展開する例はきわめて少ない。注目すべきは、大手機関投資家がESG関連の提案に賛成票を投じるケースが増加したことである。これにより、過半数またはこれに近い水準の賛成を得るESG提案も増加した。わずか5年ほど前にはESG提案の平均賛成率は20%弱であったものの、2021には約40%に達している[12]。

その結果、ESGに関する株主提案については、提案内容の全部または一部を受け入れる旨を公表し、事前に解決する例も増加している。米国においては、実際に、ESG（特に「E」と「S」）に関する株主提案は、提案後に撤回されることが多く、近時は半数以上が撤回されるともいわれる。撤回事案の多くにおいて、対象企業は、株主提案の前後の対話等を経て、提案株主の納得する対応をとり、その旨のプレスリリース等を行うことで和解的解決を図っている。

もっとも、近時は提案株主ではなく、大口の機関投資家株主と対応について合意した上で、是正策についてプレスリリースを行い、事態の収拾を図ることも実務上行われている。NPO株主からの提案のうち、企業価値の観点から有意（重要）であると認められる部分のみを受け入れることとし、その際、大口機関投資家株主と事前に協議し、その支持（賛成）をとりつけておくものである。

また、近時は、NPO株主からの提案に賛同し、これを会社提案として提案する例も生じている。2021年には、ジェネラル・エレクトリックが、アズ・ユー・ソーから提案された気候変動関連の株主提案を受け入れ、これを会社提案として採用し、株主総会に付議した。当該提案は、98%の賛成を得て可決された。

⑷ アクティビスト・ファンド等によるESGの活用

前述のとおり、ESG、特にそのうち「E」と「S」に関する株主提案を提出しているのは、社会的インパクトを投資目的とするNPO等が中心であり、いわゆるアクティビスト・ファンドがこれを積極的に活用してきたわけではない。

もっとも、近時、アクティビスト・ファンドが、自らまたは他の団体等と連携して、ESG関連の提案を行う例も増加した。たとえば、2018年頃

12）前掲（注4）参照。

から、バリューアクト、ジャナ・パートナーズ、ブルー・ハーバーといったアクティビスト・ファンドまたはその出身者が相次いでESG要素に着目した運用を行うファンドを立ち上げ、ESGアクティビズムを展開している。また、より近時の例としては、かつて日本でも電力事業会社への株主提案で注目されたTCI（ザ・チルドレンズ・インベストメント・ファンド）も、2020年後半以降、「E」に関するアクティビズムを活発化させ、多数の企業に、毎年、定時株主総会に気候変動関連の経営施策の計画を付議するよう提案している（"Say on Climate" とも呼ばれている[13]）。今後は、伝統的なアクティビズムの手法に、ESG要素を掛け合わせた手法がとられることが増えると予想される。

このような動きを象徴するように、2021年には、アクティビスト・ファンドであるジャナ・パートナーズ出身者が運用するファンド（エンジンNo.1）が、エクソン・モービルの定時株主総会において、石油および天然ガスに係る投資を削減し、再生可能エネルギー等の成長分野に投資すべき旨を主張しつつ、4名の取締役候補を提案した。これにはカリフォルニア州教職員退職年金基金（CalSTRS）などの大手機関投資家も賛同し、最終的にはブラックロックなどの大手運用機関も株主提案候補の全部または一部に賛同し、当該4名のうち3名の選任が承認された[14]。

もっとも、将来的に、いわゆるアクティビスト・ファンドが、積極的にESGを中心に据えたキャンペーンを展開するのか、それとも、あくまで（他の機関投資家の賛同を得るという観点から）伝統的な手法に補完する形でESGを利用するにとどまるのかは明らかではなく、今後の展開を注視する必要がある[15]。

(5) 小括

以上のとおり、米国では従前より社会的インパクトを企図するNPO団体等による株主提案は活発であったが、近時、経済的リターンを前提とする機関投資家からの賛成率も上昇し、企業側が提案を受け入れる例も増加している。さらに、アクティビスト・ファンドまたはその出身者によって、

13) Judith Evans and Attracta Mooney, *Unilever to put its plans to fight climate change to shareholder votes*, available at: https://www.ft.com/content/a0814dc8-c662-4412-a554-0a7d61c65ce8.

14) 当該事案の詳細については、近澤諒「ESGと商事法務（補遺）−エクソン・モービルにおけるESGアクティビズムとその教訓−」旬刊商事法務2265号（2021）参照。

15) ISS Special Situations Research, ESG Contests: Activism' s Holy Grail or Side Show, March 2, 2021.

ESG に着目したアクティブ運用の動きが活発化しており、個別の ESG 課題の解決や ESG 情報開示の充実にとどまらず、ESG 関連の経営課題の解決に適した取締役候補を提案する例も登場している。

3 日本における ESG と株主対応の現在地点

(1) 2020 年に実施された調査

前記 2 でみた米国の状況と比較して、日本ではこれまで、ESG、特にそのうち「E」や「S」に関する株主提案の事例は決して豊富ではなかった。2020 年 6 月の株主総会シーズンでは、特定非営利活動法人気候ネットワークが大手金融機関に対して気候変動関連の株主提案を行い[16)]、約 35%の賛成率を得るなどして注目を浴びたが、極めて特殊な事例であるとの評価も受けていた。日本では、近時株主提案が増加したとはいえ、3,000 社を超える上場会社のなかで、株主提案を受ける会社は年間 50～60 社程度であることもあって、そもそも株主提案を受けること自体も現実味がなく、ましてや ESG 関連の株主提案を受けることなど想像もできないという企業も多いという実情もある。

もっとも、2020 年に商事法務研究会の会員企業約 100 社を対象に実施したアンケート調査（以下「本調査」という）では[17)]、以下のような興味深い結果が見られていた。

ア ESG に関する株主提案等を受けた例

まず、本調査においては、ESG に関する株主提案その他の株主権の行使を受けた企業数がどれほどあるかが確認された。

この点、株主提案としての形式要件等を充足し、招集通知に掲載されるに至った場合にはその内容が公表され、その分析もなされている[18)]。そこで、本調査においては、提案後に撤回された場合や株主提案権以外の株主権行使（たとえば議事録等の閲覧謄写請求など）の場合も確認の対象とされた。

しかし、本調査の結果、回答を得た企業 32 社中、ESG に関連して、そのような株主権の行使を受けたことがある旨を回答した企業は 1 社のみであった。

---

16) 気候ネットワークの株主提案書は、同法人のウェブサイトで公開されている（https://www.kikonet.org/wp/wp-content/uploads/2020/03/Shareholder-proposal_Kiko-Network_jp.pdf）。
17) 当該調査の詳細に関しては、近澤諒「ESG と商事法務(1) ― ESG と株主対応」旬刊商事法務 2255 号（2021）参照。
18) 牧野達也「株主提案権の事例分析（1）・（2）― 2019 年 7 月総会～ 2020 年 6 月総会」資料版／商事法務 437 号（2020）6 頁、438 号（同）45 頁。

イ　株主権行使には至らないものの具体的な施策等の提案を受けた例

次に、株主提案その他の株主権の行使には至らないとしても、ESGに関して具体的な取組みや、改善策の提案を受けることがあるかについて確認したところ、回答企業32社中、28社（87.5%）が「有る」と回答した。

そして、「有る」と回答した企業が受けた提案の内訳を確認すると、ESGのうち「G」に関する提案が相対的には多いものの、ESGのうち「E」や「S」に関しても株主から一定数の具体的な提案を受けており、また、ESG情報の開示の充実に関しても具体的な提案を受けている。

さらに、そのような提案を受けた企業においては、約8割が何らかの形で提案を受け入れて実行したことがあると回答している。

ウ　新型コロナウイルス問題前後の傾向の変化

また、ESG投資の隆盛は、新型コロナウイルス問題とは直接には関係がないが、本調査においては、新型コロナウイルスの感染拡大の前後において、ESGに関する株主との対話等に変化があったか否かについても確認が行われている。

その結果、約6割は変化があったと回答しており、また、その具体的な内容をみると、ESGの「S」に関連するトピックが対話における重要度を増しているとの回答が多数あった。

この点、ISSが機関投資家に対して実施したアンケート調査[19)]においては、新型コロナウイルスの感染拡大の前後において、ESGの「S」について従前より重視している旨の回答が多数見られたものとされており、前記企業側の認識とも一致する。

エ　小括

以上のとおり、本調査の結果、ESGに関する株主対応において、現時点では株主提案等の具体的な株主権の行使に至るケースは限定的ではあるものの、その一歩手前で、株主からESGに関する具体的な施策の提案を受け、可能な範囲で当該提案を汲んで対応し、水面下で解決されている事例も一定数あることがわかっていた。

⑵　2021年6月株主総会シーズンの状況

2021年6月株主総会シーズンにおいては、環境NGOである気候変動ネットワークが三菱UFJフィナンシャル・グループに対してパリ協定の

19) Maura Souders, Survey analysis: Esg investing pre- and post-pandemic, available at: https://www.issgovernance.com/file/publications/ISS-ESG-Investing-Survey-Analysis.pdf.

目標に従った経営戦略の策定と開示を求める定款変更議案を提案し、同じく環境NGOであるマーケットフォース（オーストラリア）が住友商事に対して同様の提案を行った。これらはいずれも否決されているが、約20%程度の賛成票を得たようである[20]。

また、2021年には、香港の投資ファンドであるオアシス・マネージメントが、東洋製罐グループホールディングスに対し、いくつかの株主提案を行う中で、TCFDを踏まえた経営戦略計画の開示を求める株主提案も行った。もっとも、当該提案の賛成率は約14%にとどまり、相談役・顧問等の廃止の提案や自己株式取得の提案よりも賛成率は下回ったとされている[21]。

このように、前記(1)のアンケート調査結果から1年にも経たないうちに、日本においてもESG関連の株主提案、特にESGの「E」に関する提案行為は活発化の兆しを見せている。また、東洋製罐の事例のように、環境NPO/NGOではなく、一般にアクティビスト・ファンドと言われる株主からも、TCFDのような気候変動情報開示のフレームワークに言及した株主提案がなされている。このような状況を見ても、日本も早晩米国のようにESG関連の提案が活発になされることが予想されるところであり、また「E」の次に「S」がくることも見越しておくべきであるように思われる。

4 ESG関連の株主提案等を見据えた平時の準備

前記**3**でみたとおり、日本においても、ESG関連の株主アクションは目前の課題となっている。しかしながら、その対処、特に、実際に標的となった後の有事の対応に関しては、提案株主の属性、具体的な提案内容、そして、株主側の真の狙いが何であるかによって大きく異なる。

もっとも、いかなる場合においても重要となるのは、平時から準備し、有事において株主からの会社提案への賛同を獲得することである。

そこで、以下では、前記**3**(2)で解説した米国でよくみられるESGに関する株主提案の3類型も踏まえ、平時より留意しておくべき事項を検討したい。

20）各社の議決権行使結果に係る臨時報告書参照。
21）東洋製罐グループホールディングスの2021年6月28日付臨時報告書参照。

(1) 取締役会による重要なESG課題への対処の監督等

ESG課題の解決を企図した提案への対応に際しては、社外取締役を含む取締役会が、自社のESG課題への対処にどのように取り組んでいるかが重要となる。大手の運用機関や機関投資家も、ESG課題に関する取締役会による監督体制の確立を求めている[22]。エクソン・モービル社において株主提案の取締役候補者が選任されたのは、同社が直面する再生可能エネルギー事業への転換等のESG課題への対処に適した取締役会の在り方が是々非々で検討されたためである。

ア 自社の「重要な」ESG課題を特定する

まず、取締役会において自社の抱えるESG課題を全て管理することは困難であり、経営戦略レベルで「重要」なESG課題を洗い出すことが必要となる。その作業は通常執行側で行うが、ESG課題の重要性の評価は、その性質上、多分に主観的な評価を伴うことからも、社外取締役等による検証を通じて手続的な担保を行うことが望まれる。

この点、米国では、取締役会によるESGや持続可能性に関する監督機能の発揮のため、ESG委員会やサステナビリティ委員会を取締役会内部の委員会として設けることも多い。これは日本企業でみられる執行側の委員会とは異なり、社外取締役を中心に構成されるものである。

日本企業においては、JPX400の企業であっても、ESGを含むサステナビリティ関係の委員会を設けている企業は55社にとどまり、さらに、これが取締役会直下の委員会とされているのはわずか8社にとどまるとされているが[23]、今後の展開を注視する必要がある。この点については、第3章において詳細を解説する。

イ 取締役会の構成が自社のESG課題への対処に適していることを説明する

取締役会がESGに係る監督を実効的に行うためには、その前提として、必要なスキルを有する取締役が存在しなければならないし、その点を株主に対して適切に説明できなければならない。2021年には、コーポレートガバナンス・コードが改訂され、「事業戦略に照らして取締役会が備える

22) ブラックロック、ステートストリート、バンガードなどのスチュワードシップに係る文書を参照。たとえば、ステートストリートの見解について、State Street Global Advisors, ESG Oversight Framework for Directors, available at: https://www.ssga.com/library-content/pdfs/insights/esg-oversight-framework.pdf 参照。

23) 金融庁スチュワードシップ・コード及びコーポレートガバナンス・コードのフォローアップ会議第24回事務局参考資料（ESG要素を含む中長期的な持続可能性（サステナビリティ）について）9頁。

べきスキル等を特定」した上で、スキルマトリックスを示すべきとされているが、かかる特定の過程でESG関連のスキルの検証も必要となる。ここでのポイントは、可能な限り、自社の抱える具体的なESG課題を念頭に置いた説明を行うことである。

今後は、改訂コーポレートガバナンス・コードや株主側のESGへの関心の高まりを踏まえ、招集通知における記載の充実もさらに進むことになると予想されるが、平時より一貫した説明を行うことが肝要である[24)]。

ウ　取締役会がESG課題を十分に監督していることを説明する

株主の理解を得るという観点からは、取締役会によるESG課題の監督体制を十分に整備した上で、実際に取締役会による監督が十分に行われていることを説明していくことが肝要である。

前述のとおり、重要なESG課題の特定や、ESG委員会やサステナビリティ委員会の設置は、当然かかる監督体制の一環を担うものであるが、取締役会による監督はこれに限られるものではない。特に重要なESG課題について、取締役会が主導して特定の施策を実施することもあり得るであろうし、ESGに関連する内規やポリシーの制定も取締役会の職責に含まれ得る。また、ESGに関連する株主とのエンゲージメントに取締役会が関与する（社外取締役がエンゲージメントの場に同席する等）場合には、かかる取組みも取締役会による監督の一環として整理することが可能である。そして、これらの取組みについて、株主を含むステークホルダーに分かりやすく説明していくことが求められる。

なお、米国では、近時大きな社会問題となっているオピオイド問題に関して、オピオイドの製造・販売に関与する製薬会社等に対しても種々の株主提案等が行われている。これを受けた製薬会社等においては、オピオイド問題にかかる取締役会の取組みについて比較的簡易な報告書の形でまとめた上で、自社ウェブサイトで公開するといった対応が執られることがある[25)]。かかる手法の有効性はオピオイド問題に限定されるものではなく、特定の重要なESG課題を有する企業において十分に検討に値するように思われる。

24）エクソン・モービル社の事案では、エンジンNo.1らから提案を受けて有事となった後に各種検討・説明を開始し、対応が後手に回ったことが勝敗を左右したようにも思われる。

25）Teva Pharmaceutical Industries, Board of Directors' Report (November 15, 2019)、Walgreens Boots Alliance, Board Report on Oversight of Risk Related to Opioids、Johnson & Johnson, Board Report on Oversight of Risk Related to Opioids (October 5,2020) 等。

⑵ 役員報酬におけるESG指標の活用

前述のとおり、米国では、ESG指標を用いた役員報酬の導入を求める株主提案も引き続き活発であり、日本でも、株主提案にまでは至らないとしても、日々の対話の頻出トピックの一つとなりつつある。

この点、米国では、S&P500を構成する企業の約半数がESG指標を取り込んだインセンティブプランを有するとされる[26]。たとえば、工場における水資源使用の削減（効率化）、持続可能性のある原材料調達、二酸化炭素排出量の削減といった項目で定量的な指標を用いている旨を開示する企業もある。もっとも、米国でも、完全に定量化されたESG指標を用いる企業は少数にとどまっており、ダイバーシティや従業員満足等の主観的な評価の余地の大きな指標を用いている例も多い。

日本においても、近時、ESG要素と連動するインセンティブ報酬の導入が進んでおり、またその内容を開示する企業も増えている。具体的な指標の選定過程では、自社に存在するESG課題の重要性評価が必要となり、上記⑴とも関係するが、この点の詳細は、第3章を参照いただきたい。

⑶ 株主のニーズを踏まえたESG情報の開示対応

ESG情報の開示の充実に関する提案に関しては、日本においても統合報告書等における開示が拡がっており、すでに一定の対応がなされている企業も多い。もっとも、ESG開示フレームワークが乱立する中、国際的にはその統合の動きもあるものの、現状、いなかるフレームワークを参照すべきか、足並みがそろっていない。

ESG情報の開示については第5章で解説するが、日本では、投資家側はTCFDを非常に重視しているものの[27]、企業側は、TCFDよりもGRI（Global Reporting Initiative）やIIRC（国際統合報告評議会）を参照しているというデータもある[28]。一概にどれが優れているというものではないが、自社の株主構成を踏まえ判断する必要がある。

26）タワーズワトソンのGlobal Executive Compensation Analysis teamの調査結果（https://www.willistowerswatson.com/en-US/Insights/2020/03/New-research-finds-progress-on-the-use-of-ESG-incentive-metrics）参照。

27）経済産業省産業技術環境局環境経済室「ESG投資に関する運用機関向けアンケート調査」（2019年12月）によれば、日本市場で投資する機関投資家の85.4%は、「企業のESG情報の開示が不十分」であると認識しており、93.8%がESG情報を投資判断等に活用する上で「TCFD」を最も重視する旨回答している。

28）GPIF「第6回 機関投資家のスチュワードシップ活動に関する上場企業向けアンケート集計結果」（2021年5月）16頁。もっとも、近時は、TCFDまたは経済産業省が策定した「TCFDガイダンス」を参照する企業の割合が大きく増加している。

また、「S」への関心の高まりへの対応も重要である。米国では、物言うNPO株主からSASBに準拠して人的資本に関する開示を行うよう求める株主提案が相次いでいることは前述のとおりである。SASBは馴染みがない日本企業も多いかもしれないが、TCFDのフレームワークが「S」にも活用できると評価されており[29]、同フレームワークに合わせて、人的資本に関する説明を行うとどうなるか、あらかじめ確認しておくことも考えられる。

5 さいごに

日本では、アベノミクス政策の下、政府主導のコーポレートガバナンス改革が行われた結果、英米を中心とする海外機関投資家の投資を呼び込むことにある程度成功したが、これと同時に、株主アクティビズムの隆盛を含め、コーポレートガバナンス実務の国際標準化も進んだ。

現在日本政府はESG投資の推進を強力に進めており、今まさにこれと同じことが、日本市場におけるESGマネーの流入とESGアクティビズムの拡大という形で再現されようとしているようにも思われる。

本章においては、米国におけるESG（特に「E」と「S」）に関する株主提案等の現状に基づき今後想定されるESG関連の株主提案の内容を確認し、平時の準備におけるポイントを検討した。ESG投資がさらに加熱する中で、今後も様々な属性の株主のニーズをとらえた丁寧な対応がますます必要となると思われる。

29) BlackRock, Global Quarterly Stewardship Report (October 2020), available at: https://www.blackrock.com/corporate/literature/publication/blk-qrtly-stewardship-report-q3-2020.pdf.

第3章

ESGと取締役会

1 はじめに

本章では、取締役会におけるESG要素の検討に焦点を当てる。従来、ESG要素に係る施策は、CSRの取組みとしてややもするとノンコアな社会貢献やPRの一環として整理されがちであった。しかし、昨今の企業活動におけるESG要素の重要性が高まるにつれ、ESG要素を取締役会において考慮することについてもまた重要性が指摘されるようになっている。ESGを、ES through Gと捉える見解もあるが[1)]、本章は、環境（E）や社会（S）の要素を検討するための取締役会を通じたガバナンス（G）の在り方を中心に論じる。

2 取締役会がESG要素を考慮しなければならない理由

取締役会がESG要素を検討しなければならないのはなぜか。主に3つの理由を挙げることができる。

(1) ESG要素は中長期的な企業価値に影響を及ぼすため

他の章でも論じられているところであるが、ESG要素が投げかける課題が深刻化するにつれ、ESG要素が企業の中長期的な企業価値に影響を及ぼすものであるとする考え方が急速に広まっている。

たとえば、石炭や石油に大きく依存する事業モデルは、カーボンゼロの動きが高まり、今後更なる規制も予想し得る中で事業継続のリスクを抱えている。コスト削減を追求する余りサプライチェーン上での奴隷労働や児

1）経済産業省・持続的成長に向けた長期投資（ESG・無形資産投資）研究会（2017年10月26日）「伊藤レポート2.0」28頁。

童労働などの人権侵害を認容または放置して商品を製造していれば、いずれその発覚による不買運動、投資の引き上げなど深刻な損害を被るリスクもある（第9章「ESGと危機管理」「2.『ビジネスと人権』をめぐる近時の動向の概観」参照のこと）。

他方で、プラスチックを使用しないストローや、電気自動車、水素燃料など、課題解決に資する取組みは消費者からの注目も浴びる。企業には、ESG要素の議論から、そのようなニーズの変化を迅速に察知しつつ、各社の持っている既存のノウハウや技術等を活用し、新たな市場の開拓をすることができる可能性も与えられている。その他、グリーンボンド（ローン）やサステナビリティ・リンク・ボンド（ローン）など、ESG要素に係る課題への取組みを通じて、従来とは異なる形での資金調達も可能となる（第6章「ESGと資金調達①」および第7章「ESGと資金調達②」参照のこと）。

ESG要素は、このように事業リスクおよび機会として、中長期的な企業価値の維持・向上に影響を及ぼし得る。もっとも、ESG要素が各企業の企業価値に与える影響は、当該企業の事業内容やその置かれている状況等によっても異なり得るところであり、一様ではない。各企業は、ESG要素がどのように自社にとっての事業リスクとなり、事業機会となるかを特定した上で、それを経営に落とし込み、中長期的な企業価値の向上に努めることが求められることになるが、その上で重要な職責を担うのが取締役会にほかならない。

(2) ESG投資が隆盛するなかで株主の信認を得るため

昨今では、ESG要素に関する議論の高まりを受けて、機関投資家を含む様々な属性の株主から、取締役会がESG要素を適切に検討し、かつその情報を開示することなどを求める動きも見られ始めている。詳細は第2章に譲るが、取締役会は、ESG要素を踏まえた経営をしなければ、その信認を得ることが難しくなりつつある。

(3) サステナビリティ型のルールが増えてきているため

環境・社会・基本的人権などに配慮したビジネス慣行を奨励・強制するルール形成が国際的に増加傾向にあり、2018年の調査[2)]によれば、日本企業のサステナビリティ戦略にも影響があるものとして72のルール（法令

2）日本貿易振興機構貿易制度課（2018年6月）「企業のサステナビリティ戦略に影響を与えるビジネス・ルール形成」。

に限られず、国連機関等が採択した行動規範、国際機関等が定めた基準、任意の資格、ビジネスの在り方に影響を与える仕組みなどを含む。）があるとされている。取締役は、法令の遵守義務を負うところ（会社法355条）、法令に至っていないルールであっても、その重要性が高まるにつれ、ルールを尊重し経営を遂行することが重要となる。

とりわけ、わが国の取締役会実務に与える影響としては、東京証券取引所が2021年6月に改訂したコーポレートガバナンス・コードにおいて、取締役会がESG要素について検討することが定められたことが大きい。改訂されたコーポレートガバナンス・コードは、サステナビリティをめぐる課題を中長期的な企業価値向上のための経営課題ととらえ、取締役会がこれを取り組むことなどを以下のとおり上場会社に（Comply or Explainの形で）求めている。また、金融庁が同時に改訂した「投資家と企業の対話ガイドライン」も、これを補足する形で取締役会をはじめとする企業の取組みを促している。

【サステナビリティを巡る課題への取組みに関する改訂：コーポレートガバナンス・コード】

基本原則2の考え方	（前略）上場会社は、自らの持続的な成長と中長期的な企業価値の創出を達成するためには、これらのステークホルダーとの適切な協働が不可欠であることを十分に 認識すべきである。また、「持続可能な開発目標」（SDGs）が国連サミットで採択され、気候関連財 務情報開示タスクフォース（TCFD）への賛同機関数が増加するなど、中長期的な企業価値の向上に向け、サステナビリティ（ESG要素を含む中長期的な持続可能 性）が重要な経営課題であるとの意識が高まっている。こうした中、我が国企業にお いては、サステナビリティ課題への積極的・能動的な対応を一層進めていくことが重要である。（後略）
補充原則2-3①	取締役会は、気候変動などの地球環境問題への配慮、人権の尊重、従業員の健康・労働環境への配慮や公正・適切な処遇、取引先との公正・適正な取引、自然災害等への危機管理など、サステナビリティを巡る課題への対応は、リスクの減少のみならず収益機会にもつながる重要な経営課題であると認識し、中長期的な企業価値の向上の観点から、これらの課題に積極的・能動的に取り組むよう検討を深めるべきである。

補充原則 3-1 ③	上場会社は、経営戦略の開示に当たって、自社のサステナビリティについての取組みを適切に開示すべきである。また、人的資本や知的財産への投資等についても、自社の経営戦略・経営課題との整合性を意識しつつ分かりやすく具体的に情報を開示・提供すべきである。 特に、プライム市場上場会社は、気候変動に係るリスク及び収益機会が自社の事業活動や収益等に与える影響について、必要なデータの収集と分析を行い、国際的に確立された開示の枠組みであるTCFDまたはそれと同等の枠組みに基づく開示の質と量の充実を進めるべきである。
補充原則 4-2 ②	取締役会は、中長期的な企業価値の向上の観点から、自社のサステナビリティを巡る取組みについて基本的な方針を策定すべきである。 また、人的資本・知的財産への投資等の重要性に鑑み、これらをはじめとする経営資源の配分や、事業ポートフォリオに関する戦略の実行が、企業の持続的な成長に資するよう、実効的に監督を行うべきである。

【サステナビリティを巡る課題への取組みに関する改訂：投資家と企業の対話ガイドライン（脚注部分を（*）で記載している。）】

1-3	ESGやSDGsに対する社会的要請・関心の高まりやデジタルトランスフォーメーションの進展（*）、サイバーセキュリティ対応の必要性、サプライチェーン全体での公正・適正な取引や国際的な経済安全保障を巡る環境変化への対応の必要性等の事業を取り巻く環境の変化が、経営戦略・経営計画等において適切に反映されているか。また、例えば、取締役会の下または経営陣の側に、サステナビリティに関する委員会を設置するなど、サステナビリティに関する取組みを全社的に検討・推進するための枠組みを整備しているか。 （*）カーボンニュートラルの実現へ向けた技術革新やデジタルトランスフォーメーション等を主導するに当たっては、最高技術責任者（CTO）の設置等の経営陣の体制整備が重要との指摘があった。

3 取締役会の職責とESG

次に、取締役会がESG要素を検討することについて、取締役会の職責や機能との関係でも整理をしておきたい。本項では、株主利益最大化原則やモニタリングモデル・マネジメントモデルとの関係について論じる。

(1) 株主利益最大化原則との関係[3)]

取締役は、株主の利益だけを図る義務を負っているのか、それ以外のステークホルダーの利益を図ることは認められるのか。

株主利益最大化の原則（または株主第一主義）とは、取締役は、株主の利益を第一に追求する義務を負うものとする原則をいう。日本法は、株主利益最大化の原則を採用していると解するのが有力である[4)]。もっとも、その本家本元というべき米国では、2019年にビジネス・ラウンドテーブルがStatement on the Purpose of a Corporationを見直したことなどもあり、昨今のESGの議論の中には、株主利益最大化の原則に対する批判が含まれていることもある。

確かに、株主利益最大化原則には限界も指摘されており、会社法上の義務としてどのように考えるかという点は難問である[5)]。しかし、以下のとおり、取締役会がESG要素を検討することは、株主利益最大化の原則の観点からも、基本的に是認することができる。

第一に、上記**2**で触れたとおり、昨今の企業活動との関係でのESGの議論の大勢においては、ESG課題の解決が企業の中長期的な企業価値（ひいては株主の利益）の維持・向上に資するものであることが強調されている。たとえば、コーポレートガバナンス・コードでは、サステナビリティに係る検討は各企業の中長期的な企業価値の向上に向けたものであり、中長期的な企業価値の向上に資さない施策の検討まで求めるものではない

3）株主利益最大化原則については、田中亘「株主第一主義の合理性と限界（上）（下）」法律時報92巻5号123頁以下、法律時報92巻7号79頁以下（2020）及び注4の文献などを参照。

4）落合誠一「企業法の目的」岩波正彦ほか編『岩波講座・現代の方7　企業と法』（岩波書店、1998）23頁、江頭憲治郎『株式会社法〔第8版〕』（有斐閣、2021）22頁、田中亘『会社法〔第3版〕』（東京大学出版会、2021）272頁。

5）会社の事業活動が負の外部性をもたらす場合（たとえば、工場の廃棄物で大気が汚染されるなど）にそれを抑止することができず、法令などによる対応では限界があるのではないかという指摘などがされている。他方で、株主利益最大化原則を採用せず、株主以外のステークホルダー全体の利益を図る義務があるとする見解に対しては、どのような会社経営も誰かの利益になるということで正当化することが可能となり、結果として取締役のアカウンタビリティの喪失につながる恐れがあるという批判などが存在する。詳細は、田中・前掲（注3）参照。

ことが前提とされている[6]。ESG要素の検討について支持することで知られるブラックロック・インク会長兼CEOが2021年に投資先企業のCEOに宛てている書簡においても、ESGに関わる施策は、企業価値の増大につながるものであることが前提とされている[7]。それ自体は株主以外の利益になる行為であっても、それが企業価値の維持・向上に資する施策であれば、取締役会が検討することは株主利益最大化の原則からも許容され[8]、むしろ求められるともいえる。第二に、少なくとも日本法の下では、株主利益最大化の原則は、「原則」であって、例外も存在する。取締役は、法令遵守義務を負っているから（会社法355条）、株主以外のステークホルダーの利益を図ることが法令で定められれば（たとえば、労働法など）、（株主の利益になるか否かに拘わらず）取締役はこれを遵守しなければならなくなる。また、法令になるまでに至っていない、社会通念上期待または要請される行為については、株主の利益に寄与しなくても、相当の範囲でこれを行うことができると解する見解もある[9]。

もっとも、法的に厳密な意味で取締役の義務について株主利益最大化原則を採用すべきかどうかとは離れて、実際に、通常の投資家が、ESG課題の解決のためとはいえ、企業価値を損なう施策を求めているとまでは合理的に考え難く、資本市場を利用している上場会社がそのような施策を進めていくことはいずれにせよ現実的でない。実務的には、わが国における[10]昨今の議論は、深刻化するESGの問題の懸念から、ESG課題の解決と企業価値の維持・向上の双方に寄与する施策がないという事態は存在しない

6）神田秀樹ほか「座談会 2021年コーポレートガバナンス・コード改訂〔上〕―市場構造改革を踏まえて―」旬刊商事法務2266号（2021年）30頁、34頁〔島崎正夫発言〕参照。

7）https://www.blackrock.com/corporate/investor-relations/larry-fink-ceo-letter（“The more your company can show its purpose in delivering value to its customers, its employees, and its communities, the better able you will be to compete and deliver long-term, durable profits for shareholders.”）

8）田中・前掲（注3）（上）127頁参照。

9）「社会通念上期待または要請される行為」や「相当の範囲」が不明確であり、取締役に行動の指針を与えないという批判もある（田中・前掲（注3）（下）85頁参照）。もっとも、仮に、株主利益最大化原則を採用しない場合に採用される株主以外のステークホルダー全体の利益を図る義務というのは、ステークホルダーの利害は様々であるからそれ以上に不明確となると考えられるから、この批判をもって株主利益最大化原則自体を否定すべきものでもように思われる（田中亘教授も、株主利益最大化原則そのものを否定する趣旨ではなく、田中・前掲（注3）（下）85頁以下においては、上記の批判を踏まえて、株主利益最大化原則の例外の要件に関する代替案について検討している）。

10）なお、たとえば、英国においては、近時、株主利益最大化モデルからステークホルダーモデルに近づいていると指摘する見解（神作裕之「企業の持続的成長と会社法・金商法上のいくつかの論点―欧州からの示唆―」旬刊商事法務2198号（2019）26頁）などもある。

はずであるという暗黙の前提（信念）に基づくものであり、取締役会に対してそのような施策の特定と注力を求めているものであると考えておくべきであろう。

(2) モニタリングモデル・マネジメントモデルとの関係

モニタリングモデルとは、取締役会を多数の独立社外取締役で構成し、取締役会の機能を経営陣の選解任を通じた監督機能を中心と捉えて、経営とその監督を分離しようとする考えであり、米国を中心として国際的にも是認されている考え方である。対して、マネジメントモデルとは、日本の従来の監査役設置会社の取締役会においてみられるとおり、取締役会を個別の業務執行（経営）を行う機関として位置づけ、経営と監督を分離しない（取締役会が個別の意思決定に関与することによって適切な経営を担保しようとする）考え方である[11)]。モニタリングモデルは国際的に広く普及している考え方であるものの、従来から課題も指摘されており[12)]、モニタリングモデルを採用することが最良なのか自明ではないと考えられている。

モニタリングモデル・マネジメントモデルを採用するかどうかで、取締役会がESG要素を検討する必要性が大きくかわるということにはならない。ESG要素は経営方針に取り込むべきものであるから、モニタリングモデルにおいては、経営陣の経営手腕を評価する際に参照される重要な事項として経営陣の監督の前提となり取締役会において検討すべき事項となるし、マネジメントモデルにおいても、個別の経営判断の指針となる経営方針として、あるいは個別の経営判断として当然取締役会において検討されるべきものといえる。

4 取締役会はどのようにESG要素を検討すべきか

それでは、取締役会は、ESG要素をどのように検討していくべきか。4つのポイントを指摘することができる。

(1) ESG要素と中長期戦略：経営方針（経営理念）への反映

取締役会の姿勢やコミットメントを企業内外に示す観点からは、ESG

11）田中・前掲（注4）233頁、234頁など参照。
12）社外取締役が適切に監督しているかどうかを誰が監督するのかなどの問題がある（藤田友敬「『社外取締役・取締役会に期待される役割―日本取締役協会の提言』を読んで」旬刊商事法務2038号（2014）17頁参照。

要素が経営理念等に取り込まれていることが重要である。既存の経営理念等との関係でどのようなESG要素が関係しているのかなどを整理した上で、必要に応じて明確化や再定義をするということもあり得る。なお、これに関連して、ユーグレナは、2021年8月、臨時株主総会を開催し、定款の事業目的について、SDGsの17の目標を反映した内容に全面刷新しており、注目される[13]。

【ユーグレナの事業目的】

第2条　当会社は、持続可能な社会の実現を目指して、次の事業及びこれに附帯する一切の事業を営むことを目的とする。
(1)　あらゆる場所で、あらゆる形態の貧困問題を解決することに資する事業
(2)　飢餓問題を解決し、食料の安定確保と栄養状態の改善を達成するとともに、持続可能な農業を推進することに資する事業
(3)　すべての人の健康的な生活を確保し、福祉を推進することに資する事業
(4)　すべての人に包摂的かつ公平で質の高い教育を提供し、生涯学習の機会を促進することに資する事業
(5)　すべてのジェンダー平等のためのエンパワーメントを図ることに資する事業
(6)　すべての人に水と衛生へのアクセスと持続可能な管理を確保することに資する事業
(7)　すべての人に手ごろで信頼でき、持続可能かつ近代的なエネルギーへのアクセスを確保することに資する事業
(8)　すべての人のための持続的、包摂的かつ持続可能な経済成長、生産的な完全雇用及びStimulating and creative work（刺激的で活き活きと働ける仕事）を推進することに資する事業
(9)　強靭なインフラを整備し、包摂的で持続可能な産業化を推進するとともに、技術革新の拡大を図ることに資する事業
(10)　あらゆる格差を是正し、差別を撤廃することに資する事業
(11)　都市と人間の居住地を包摂的、安全、強靭かつ持続可能にすることに資する事業
(12)　持続可能な消費と生産のパターンを確保することに資する事業
(13)　気候変動の阻止及びその影響に立ち向かうため、緊急対策を取ることに資する事業
(14)　海洋と海洋資源を持続可能な開発に向けて保全し、持続可能な形で利用

13）ユーグレナ株式会社（2021年8月5日）「定款上の事業目的を、SDGsを反映した内容に全面刷新　『Sustainability First』を定款上でも体現」参照。

することに資する事業
(15) 陸上生態系の保護、回復及び持続可能な利用の推進、森林の持続可能な管理、砂漠化への対処、土地劣化の阻止及び逆転、並びに生物多様性損失の阻止を図ることに資する事業
(16) 持続可能な開発に向けて平和で包摂的な社会を推進し、すべての人に司法へのアクセスを提供するとともに、あらゆるレベルにおいて効果的で責任ある包摂的な制度を構築することに資する事業
(17) 持続可能な開発に向けて実施手段を強化し、グローバル・パートナーシップを活性化することに資する事業

また、各企業において、そのような経営理念等も踏まえて、ESG要素をより具体的な経営方針や経営戦略に落とし込んでいくこととなる。企業として、どのようなESG要素について、どのような視点・アプローチで対峙しようとするのかを、抽出・特定することが重要であるが、この際に大事となるのが、Materiality（重要課題）の考え方である[14]。SDGsにおいては、持続可能な世界を実現するための17の目標（ゴール）・169のターゲットが特定されているが、これを見てもわかるとおり、ESG課題には様々なものが存在している。

企業は闇雲に全ての目標の達成を追い求めたり、あるいは他社をそのまま真似るというのではなく、経営理念や事業内容等との関係で企業価値の維持・向上のために取り組む重要な課題を特定し、その解決に向けた施策に経営資源を重点的に投入することが必要である。このMaterialityの特定とその対応策について説得的な説明をすることができるのかが、ESG要素を経営に取り込む上での要諦である。

たとえば、三井物産の2021年の統合報告書では、同社のMaterialityについて、社会課題の認識、リスクと機会、取組方針等に項立てをした上で開示されている。

14) なお、EUにおいてはダブル・マテリアリティのコンセプトに基づく開示（サステナビリティの問題が企業に与える影響だけでなく、企業が人々や環境に与える影響についても開示を求める）について強化する動きが見られるが（European Commission, Proposal for a Corporate Sustainability Reporting Directive（CSRD））、わが国においては、シングル・マテリアリティ（サステナビリティの問題が企業に与える影響についてのみ開示を求める）に親和的なスタンスであるとされる（神田ほか・前掲（注6）33頁〔神田秀樹発言〕）。

【三井物産 2021 年統合報告書】

	認識する主な社会課題	リスク
安定供給の基盤をつくる	・人口増加と資源・エネルギー・素材・食料・製品などの需要拡大 ・気候変動に適応するための生産・供給能力向上 ・食料・製品の安全・安心	・気候変動、COVID-19などに起因する資源・エネルギー・素材・食料・製品などの供給不全 ・食料・製品の最終消費者の安全・健康上のトラブルによる信用低下
豊かな暮らしをつくる	・開発途上国・新興国でのインフラ整備 ・先進国でのインフラの老朽化 ・健康維持、医療・介護・福祉サービスの確保 ・資源開発などにおける先住民への配慮 ・サプライチェーンにおける環境・社会側面の責任拡大、人権配慮の重要性拡大（労働慣行・地域住民への影響など）	・インフラ利用者の安全・健康上のトラブルによる信用低下 ・情報発信手段や資金調達手段の多様化による競争力の低下 ・医療人材不足によるサービス低下 ・サプライチェーンにおける人権侵害や環境負荷によるレピュテーション低下
環境と調和する社会をつくる	・地球温暖化、気候変動 ・水資源不足 ・サーキュラーエコノミー ・環境汚染 ・生物多様性損失	・低炭素経済への移行に伴う政策・法規制強化の影響 ・新技術、新市場創出の既存ビジネスの需給への影響 ・気候変動の物理的影響に関連したサイクロン・ハリケーンなどによる操業停止 ・事業活動による大量の水使用など、自然環境への影響 ・有害化学物質漏洩による影響 ・生態系破壊・劣化などに伴う環境コスト増大
新たな価値を生む人をつくる	・イノベーションプラットフォーム ・ダイバーシティ&インクルージョン ・働き方改革・多様な働き方の推進による創造性向上 ・次世代人材育成	・市場・ビジネス環境の変化に伴う人材の質・競争力の低下 ・多様な人材の活躍機会の喪失による人材の流出
インテグリティのある組織をつくる	・コンプライアンスの徹底を含む、役職員へのインテグリティ意識浸透 ・コーポレート・ガバナンスの充実および内部統制の強化	・役職員のインテグリティ意識の欠如による、反競争的行為や腐敗・贈収賄などを含むコンプライアンス違反事案の発生 ・コーポレート・ガバナンスおよび内部統制の機能不全の結果、適切な経営判断を欠くことに起因する、事業の停滞・低迷および不祥事の発生など、ならびにこれらを理由とするステークホルダーからの信頼低下 ・情報セキュリティ関連トラブル ・自然災害・テロ・感染症などの発生による重要業務中断に伴う顧客の喪失、企業評価の低下

機会	事例：当社取組方針・目標	該当するSDGs
・気候変動、COVID-19などによって引き起こされる変化への対応による生産・供給能力向上 ・トレーサビリティ確立による競争力拡大、責任あるマーケティングによる需要拡大	・社会、産業を支える金属資源、基礎素材、持続可能なエネルギー、電力の安定供給への貢献 ・輸送、資源運搬、乗用車需要の拡大への対応 ・食料の安全・安心な調達および持続可能な安定供給への貢献	
・開発途上国・新興国などの生活向上に向けた持続可能なインフラ構築 ・人口増・経済発展による疾病構造の変化や高齢化に伴うヘルスケアニーズの増大 ・都市のスマート化の動きに対するICTを利用した社会インフラ構築ビジネスの市場創出 ・多様化する消費者ニーズを捉えた市場拡大 ・サプライチェーン全体での環境・人権・労働・コミュニティーへの配慮によるバリューチェーン全体の価値、信頼性の向上	・地域コミュニティーに配慮した持続可能な開発と地域経済の維持・発展への貢献 ・食料供給、金融サービス提供、健康増進などの社会問題解決へ向けたインフラからの取り組み ・拡大を続ける海上輸送需要に対応した高品質で環境にやさしい競争力ある船舶やサービスの提供 ・コンシューマープロダクツ事業を通じての人々のQuality of Life 向上への貢献 ・既存インフラの長寿化、環境にやさしいインフラ構築への貢献 ・環境・人権に配慮した、バリューチェーン全体の価値と信頼性の向上 ・医療へのアクセス向上を通じた健康増進と医療システムの持続的な発展への貢献 ・DXなどICTを活用した豊かで安心な暮らしづくりへの貢献、シニア住宅の保有・運営事業を通じた高齢化社会への対応	
・環境意識の高まり、規制強化によるモビリティ分野での市場変化の促進 ・再生可能エネルギーなど、環境関連ビジネスの市場拡大 ・高効率な発電所の需要 ・サーキュラーエコノミーによる新たなビジネスモデル創出 ・エネルギー消費や温室効果ガス排出抑制により、低炭素社会に寄与する製品・サービスの取り扱い	・低炭素社会の実現に貢献する資源、輸送機器、素材などの供給 ・リサイクル事業、副産物の高付加価値化を通じたサーキュラーエコノミー実現への貢献 ・サプライチェーンにおける環境負荷軽減 ・分散型再生可能エネルギー、蓄電池、次世代燃料などを組み合わせたエネルギーソリューション提供 ・GHG排出削減に資する再生可能エネルギーの建設・開発・運営 ・IoT、クラウドを活用した低炭素社会の実現	
・新しい価値創造への取り組み ・働き方改革の加速に伴う生産性・効率性・モチベーション向上 ・能力・人物本位の採用選考と公正・多彩な採用活動による、競争力ある人材の確保 ・多様性をより勘案した、きめ細かい人材育成の推進 ・連結グローバルベースでの人材の適正任用・配置 ・ダイバーシティ経営の推進を通じたイノベーションの創出による企業競争力向上	・働き方改革の推進を通じた新しい価値創造に向けた体制づくり ・ダイバーシティ経営の推進を通じたイノベーションの創出と企業価値向上 ・グローバル・グループの多様な「プロ人材」の適材適所と事業経営人材の育成・活用推進 ・健康かつ安全に、安心して働ける職場環境の整備 ・目標　2025年3月期までに女性の管理職比率10%	
・コンプライアンスの徹底を含む、役職員のインテグリティ意識の浸透を通じた、組織の活性化および会社に対する信頼性の向上 ・実効性の高いコーポレート・ガバナンスの実現および継続的な改善を通じた、持続的な企業価値の向上	・コンプライアンスの徹底を含む役職員へのインテグリティ意識の浸透 ・経営の透明性・公正性を高め、コーポレート・ガバナンスの充実および内部統制の整備・向上 ・さまざまなリスクの特定と管理を通じた持続可能な事業活動への貢献	

また、経営戦略を考える際に、ESG の課題は、短期的に解決可能なものでもないから、中長期的に取り組むべき施策となる。その際、3 年や 5 年ではなく、J. フロント リテイリングのように、10 年などといったスパンでの目標や指針を企業として打ち立てることも少なくない。

【J. フロント リテイリング 2021 年統合報告書】

7つのマテリアリティ 長期目標一覧

マテリアリティ・関連するSDGs	主なステークホルダー	2030年KGI	2030年KPI
最重要課題 脱炭素社会の実現 7 13	お客様 お取引先様 従業員 地域社会	●脱炭素社会をリードし次世代へつなぐ地球環境の創造	●Scope1・2 温室効果ガス排出量60%削減(2017年度比) ●事業活動で使用する電力に占める再生可能エネルギー比率60% ●再生可能エネルギーの自家発電・自家消費拡大
新規追加 サーキュラー・エコノミーの推進 12 13	お客様 お取引先様	●サーキュラー・エコノミーの推進による未来に向けたサステナブルな地球環境と企業成長の実現	●廃棄物排出量(食品含む)50%削減(2019年度比) ●「エコフ」リサイクル回収量累計3,000t ●使用済み製品のリサイクルや再製品化の拡大 ●シェアリング・サブスクリプション・アップサイクル等事業シェア拡大
サプライチェーン全体のマネジメント 7 13	お客様 お取引先様	●お取引先様とともに創造するサプライチェーン全体での脱炭素化の実現 ●お取引先様とともに創造するサステナブルなサプライチェーンの実現 ●お取引先様とともにサプライチェーンで働く人々の人権と健康を守るWell-Beingの実現	●Scope3 温室効果ガス排出量40%削減を目指す(2017年度比) ●お取引先様行動原則のアセスメント実施および質問票の回収率95%・浸透率100% ●お取引先様と従業員の人権が尊重される事業活動の定着
ダイバーシティ&インクルージョンの推進 5 8	お客様 従業員	●全ての人々がより互いの多様性を認め個性を柔軟に発揮できるダイバーシティに富んだ社会の実現	●女性管理職比率50%を目指す ●70歳定年を目指す ●障がい者雇用率3.0% ●多様な能力の発揮による事業成長の実現 ●多様なお客様への売場・商品・サービスの展開
ワーク・ライフ・インテグレーションの実現 3 8	従業員	●多様性と柔軟性を実現する未来に向けた新しい働き方による従業員とその家族のWell-Beingの実現	●育児・介護離職率0% ●育児休職取得率100% ●従業員満足度80% ●いつでもどこでも働ける組織の実現による生産性の向上
新規追加 お客様の健康・安全・安心なくらしの実現 3 12	お客様	●未来に向けたお客様の心と身体を満たすWell-Beingなくらしの実現 ●未来を見据えた安全・安心でレジリエントな店づくりの実現	●JFRグループのサステナビリティ活動へのお客様認知度・共感度80% ●ライフスタイル全般におけるエシカル消費の拡大 ●エンタテインメント事業やウェルネス事業の拡大による生活の彩りの提供と新たな顧客体験の創出 ●最新テクノロジーを取り入れ、防災・防疫に対応したレジリエンスの高い店づくりと健康に配慮した快適で心地よい空間の提供
地域社会との共生 11 17	お客様 地域社会	●地域の皆様とともに店舗を基点とした人々が集う豊かな未来に向けた街づくりの実現	●文化や歴史をはじめとする地域の特徴を活かした街の魅力向上、街の賑わい創出に資する開発 ●店舗のCSV化(サステナビリティ化)の横展開 ●行政、教育機関、NGO・NPOとの連携による地域活性化の推進 ●地産地消などローカリティコンテンツの発掘・発信による地域活性化の推進

⑵ ESG 要素と指名：ESG スキルや多様性への配慮

ESG 課題の解決を中長期的な企業価値の向上策と捉える考え方は、過去の CSR の議論からするとパラダイムシフトともいうべき変化であり、既存の経営論では通用しない部分がある。また、ESG 要素の検討に際しては、国際的な動向についての情報収集やNGOなどの団体との協働なども必要となり得、通常のビジネスとは異なった知見や経験も必要となる。ESGの専門家をアドバイザーとして雇い、アドバイスを受けるということも一つの方策ではあるが、取締役会としてのコミットを高めるという観点からはESGの知識や経験を有する者を取締役として迎え入れることも考えられる。株主との関係においてもこの点が重要であることは第2章でも解説しているとおりである。

また、ESG課題の検討には、企業を取り巻く様々なステークホルダーの多様な価値感を理解し反映することも重要である。多様なバックグラウンドを持った者を取締役として受け入れ、取締役会としての多様性を確保することも取締役会における検討の充実に資するといえる。

なお、米国のTop100企業（ニューヨーク証券取引所またはNASDAQに株式を上場している公開被支配企業のうち、時価総額および収益に基づき選定された上位100社）においては、ESGファクターを取締役のスキルセットとして設定している企業が57社あり、そのうち多様性（Diversity）を設定している企業が36社、環境・サステナビリティを設定している企業が20社、人材マネジメント・開発を設定している企業が19社あるとの調査結果がある。[15]

⑶ ESG要素と報酬：ESG関連のKPIを用いた報酬設計

ESGに関わる課題の解決は直ちに財務数値として現れにくく、かつ、中長期の経営施策であるため、適切なKPIを設定し、かつ、それを経営陣の報酬制度に組み込むことによって、経営陣に対して中長期に施策を推進していくインセンティブを与えることも重要である。

詳細は、第4章において論じられているので、そちらをご参照いただきたい。

⑷ ESG要素と執行の監督：ESG課題への取組みの監督体制

経営陣によるESG課題への取組みを監督するための体制を構築することも、取締役会の重要な責務である。[16]

15）Shearman & Sterling “Corporate Governance & Executive Compensation Survey 2020” 61頁
16）マネジメントモデルを採用する場合には、経営の執行と監督が必ずしも分離されず両者が明確に峻別されないことも考えられ、どのような取締役会を想定するかで適切な体制は異なり得るが、本文では、議論をシンプルにする観点から、モニタリングモデルを想定して議論を進める。

ア　執行側の体制

取締役会によるESG課題への取組みについての監督に際しては、まず、経営陣等の執行側の管理体制の確立が前提となる。執行側の体制としては、CEOやCFOなどと並ぶCXOなどとして、ESG課題への取組みの責任者を定め、検討推進の任を与えることが考えられる。米国のTop100企業においては67社がChief Sustainability Officerまたはこれと同等の役職を設定しているという調査結果がある[17)]。その他、たとえば、CEOの直轄の諮問機関としてサステナビリティ委員会を設置し、そこで検討を行う体制とすることも考えられる。

いずれにしても、ESG課題への対応は、特定の事業や商品・サービス等にだけ関係するものではなく、企業活動全般に相互に関係し得るものといえる。そのため、特定の部署が縦割りでESG要素の検討に特化した体制を構築することはその性質上適切ではない可能性があり、部門横断的な体制構築が望まれる。

イ　取締役会による監督の体制

上記アの執行体制の確立を前提に、監督側、すなわち取締役会における検討体制を検討する必要がある。具体的には、①ESG要素の検討を明確なアジェンダとして設定した上で取締役会において検討する、②ESG要素の検討に係る委員会を設置する、③既存の委員会にESG要素の検討もその検討事項に追加するといったことなどが考えられる。実際に実質的な検討ができる体制であれば、いずれの形式であってもよいと考えられるが、②のように専門の委員会を設置する場合には、投資家等に対するアピールとして分かりやすい面がある。

もっとも、上記のとおりESG要素の検討は、取締役会の監督の対象に広く影響がある。たとえば、上記(1)でも述べた経営方針（経営理念）などは取締役会全体で議論されるべきものである。取締役の指名に際しては上記(2)で述べたように多様性やスキルの観点から適切かという検証が必要となる。報酬に関しても、上記(3)で述べたようにESG要素を加味したインセンティブとしての適切性が問題となる。ESG要素の検討を独立した委員会として行う場合には、その委員会の検討事項を明確にし、その他の委員会との連携や、取締役会へのフィードバックの体制なども検討することが重要である。

米国のTop100企業においては、ESGに係る監督の責務を、取締役会の

17）Shearman & Sterling・前掲（注15）59頁

みに与えている会社が2社、委員会にのみ与えている会社が7社、取締役と委員会の双方に与えている会社が75社（16社は非開示）であったという調査結果がある[18]。なお、ESGに係る監督を委員会に与えている82社がどの委員会に与えているかについての調査結果は以下とされる（6社が複数の委員会に責務を与えている[19]）。

Nominating and governance committee：51社

Public policy/regulatory and compliance/sustainability committee：26社

Corporate and social responsibility committee：7社

Audit committee：2社

Compensation committee：1社

また、英国においては、FTSE150の企業（ロンドン証券取引所プレミアム市場に上場している企業のうち、時価総額の上位150社）のうち、29%がESG関連の委員会を設置しているという調査結果がある[20]。

ウ　執行側の体制と取締役会の監督体制の違い

上記では執行側の体制と取締役会の監督体制の双方において委員会について言及したが、両者は位置づけが若干異なることを指摘しておきたい。

「投資家と企業の対話ガイドライン」においても、「取締役会の下または経営陣の側に、サステナビリティに関する委員会を設置するなど、サステナビリティに関する取組みを全社的に検討・推進するための枠組みを整備しているか」という形でも触れられているが、経営の執行側における委員会は、取締役会が定めた一定の経営方針に基づいて具体的な施策を練ることなどに主眼を置くことになると考えられる。他方で、監督側における委員会は、経営陣の指針となる経営目標の設定や、指名等の人事、報酬などのインセンティブプランを定めた上で、事後的に経営陣による（ESGの視点を加味した）経営成績を評価することなどに主眼を置くことになると考えられる。執行側における委員会においては、事業横断的な調整なども想定されることから各事業部門の長などが主な構成員として考えられる一方で、監督側における委員会の構成員は社外取締役などが主な構成員として考えられる。

エ　日本企業の取締役会における取組みの状況

わが国において、JPX400対象企業のうち、サステナビリティ委員会を

18）Shearman & Sterling・前掲（注15）60頁
19）Shearman & Sterling・前掲（注15）60頁
20）Spencer Stuart "2020 UK Spencer Stuart Board Index"

設置している企業が55社存在し、取締役会直下としているのが8社、執行側の機関としている企業が24社であるという調査結果がある。[21] また、たとえば、味の素は、同社グループがサステナビリティの観点で常に企業価値向上を追求するための重要な経営方針を定める体制を強化するべく、取締役会に対しマルチステークホルダーの視点でサステナビリティとESGに係る同社の在り方を提言する体制を新たに構築するとして、2021年4月1日付で、取締役会の下部機構としてサステナビリティ諮問会議を設置している。[22] また、同社は、執行サイドである経営会議の下部機構としてサステナビリティ委員会も設置している。[23] これは、監督サイドと執行サイドの両面において委員会による検討体制を構築するものであるとも考えられる。

【味の素のサステナビリティ諮問会議とサステナビリティ委員会[24]】

● サステナビリティ諮問会議

役割	取締役会からの諮問に基づき以下の検討を行い、取締役会に答申 1. 中期経営計画フェーズ2（2023-2025年度）のマテリアリティ・戦略に反映させるための長期視点（～2050年）に立ったマテリアリティ 2. マルチステークホルダーの視点に立ったマテリアリティおよびマテリアリティに紐づく環境変化（リスク・機会）への対応方針 3. 2030年以降に企業に期待・要請されるポイントや社会ルール作りへの適切な関与 4. 環境負荷低減、健康寿命延伸の姿等、社会価値創出に関する2030年以降の目標
委員	社外有識者7名、社外取締役2名、代表執行役社長を含む社内メンバー3名

21）金融庁スチュワードシップ・コード及びコーポレートガバナンス・コードのフォローアップ会議第24回事務局参考資料（ESG要素を含む中長期的な持続可能性（サステナビリティ）について）9頁参照。
22）味の素株式会社（2020年11月26日付）「味の素㈱の指名委員会等設置会社への移行およびサステナビリティ諮問会議の設置に関するお知らせ」
23）味の素株式会社（2021年3月8日付）「サステナビリティ推進体制の強化およびサステナビリティ諮問会議委員決定のお知らせ」
24）味の素株式会社HPに基づき作成。

● サステナビリティ委員会

役割	サステナビリティ諮問会議の答申を受けて取締役会が承認したマテリアリティおよび取締役会が示す戦略的方向性に基づき、以下の事項を行い、経営会議および取締役会に報告する。このうち、3~5についてはサステナビリティ委員会の下部機構として設置したリスククライシス小委員会で行う。 1. マテリアリティと全社経営レベルでのリスクおよび機会の特定、事業戦略への反映 2. マテリアリティに基づく、サステナビリティ取り組みテーマの推進 3. 内部統制強化に資するリスクマネジメントプロセスの整備および推進 4. 危機（セーフティおよびセキュリティ）に関する事項の管理・運営 5. 全社経営レベルのリスク対応（タスクフォース等）
委員	委員長：グローバルコーポレート本部長 副委員長：サステナビリティ担当役員 委員：経営企画部長、グローバル財務部長、グローバルコミュニケーション部長、マニュファクチャリング戦略部長、R&B企画部長、サステナビリティ推進部長、法務・コンプライアンス部長、人事部長、DX推進部長、食品統括部長、アミノサイエンス統括部長、その他委員長が指名する者

5 さいごに

以上、取締役会におけるESG要素の検討の背景や実務的な取組みについて論じてきたが、わが国における実務の取組みについては、未だ発展途上の段階であり、確立したものはないというのが実際のところである。今後、ESG投資等の普及に伴い一層の洗練化が予想されるところであるため、その潮流に乗り遅れることなく不断に検討を続けていくことが必要である。

第4章

ESGと役員報酬

1 はじめに

本章では、ESG指標を組み込んだ役員報酬制度の設計・運用という切り口からESGを取り上げる。第2章および第3章でも解説してきたとおり、経営にESGの要素を取り入れる場合、目標を掲げるだけでなく、その達成に向けてESG関連施策を中長期的に推進するインセンティブ（動機）を経営陣に対して与えることが重要であるところ、その効果的な手段の一つとして、経営陣の役員報酬制度にESG指標を組み込むことが考えられる。

そこで、以下では、まず、前提として役員報酬に関する近年の動向を確認した上で、ESG指標を役員報酬制度の設計・運用に組み込む場合の視点と会社法等の法的観点から留意すべき事項について論じることとしたい。

2 役員報酬に関する近年の動向

日本における経営陣の役員報酬は、従来、固定の金銭報酬の割合が高かったところ、2015年6月から上場会社に適用開始された株式会社東京証券取引所（以下「東京証券取引所」という）のコーポレートガバナンス・コード（2021年6月改訂）の影響も受けて、近年、経営陣の指名とあわせて、報酬はガバナンスの中心的役割を担うものとして認識されるようになっている。コーポレートガバナンス・コードの原則4-2では、「経営陣の報酬については、中長期的な会社の業績や潜在的リスクを反映させ、健全な企業家精神の発揮に資するようなインセンティブ付けを行うべき」とされており、経営陣が適切に職務を執行し、中長期的な企業価値向上を図るためのインセンティブ（動機）を付与するという役員報酬の重要な機能が前面に押し出されている。その上で、補充原則4-2①では、「中長期的な業績と連動する報酬の割合や、現金報酬と自社株報酬との割合を適切に設定すべき」とされており、役員報酬制度を設計する際に、固定の金銭報酬や単年度で評価する賞与だけでなく、中長期的な業績連動報酬や株式報酬も導入することが求められている。

コーポレートガバナンス・コード

【原則4-2. 取締役会の役割・責務(2)】

取締役会は、経営陣幹部による適切なリスクテイクを支える環境整備を行うことを主要な役割・責務の一つと捉え、経営陣からの健全な企業家精神に基づく提案を歓迎しつつ、説明責任の確保に向けて、そうした提案について独立した客観的な立場において多角的かつ十分な検討を行うとともに、承認した提案が実行される際には、経営陣幹部の迅速・果断な意思決定を支援すべきである。

また、経営陣の報酬については、中長期的な会社の業績や潜在的リスクを反映させ、健全な企業家精神の発揮に資するようなインセンティブ付けを行うべきである。

【補充原則4-2①】

取締役会は、経営陣の報酬が持続的な成長に向けた健全なインセンティブとして機能するよう、客観性・透明性ある手続に従い、報酬制度を設計し、具体的な報酬額を決定すべきである。その際、中長期的な業績と連動する報酬の割合や、現金報酬と自社株報酬との割合を適切に設定すべきである。

かかるコーポレートガバナンス・コードの要請を受けて、上場会社では業績連動報酬の導入が進んでおり、2020年8月14日時点で東京証券取引所に株式を上場している内国法人（3,677社）の39.1%、JPX日経400構成会社の72.7%が業績連動報酬を導入している状況にある[1)]。業績連動報酬の評価指標としては、会社の経営目標として設定したKPI（重要業績評価指標）のうち、財務指標を評価指標として採用することが多いと考えられるが、これに加え、ESG指標を評価指標として採用する動きが出てきているところである。海外においては、ウイリス・タワーズワトソン社の調査[2)]によると、米国S&P500企業の52%、欧州の主要インデックスを構成する企業400社の約3分の2が役員報酬にESG指標を採用しているとされており、ESG指標の採用が一般的になりつつある中で、日本におい

1）東京証券取引所「東証上場会社コーポレート・ガバナンス白書2021」（2021年3月）87頁。

ても、第3章のとおり、2021年6月に改訂されたコーポレートガバナンス・コードにおいて取締役会がESG要素について検討することが要請されたことを踏まえれば、今後、役員報酬制度にESG指標を組み込む動きがより一層加速することが考えられる。

3 ESG指標の役員報酬制度への採用事例

ESG指標を役員報酬制度に既に採用している日本企業の事例として、たとえば、味の素株式会社、株式会社丸井グループおよびアサヒグループホールディングス株式会社の事例がある[3)]。味の素株式会社では、中期経営計画で掲げた非財務目標（従業員エンゲージメント、ESG目標）が中期業績連動型株式報酬の評価指標に関連づけられている。株式会社丸井グループでは、取締役に対する業績連動型株式報酬に関して、業績達成条件に会社のサステイナビリティ経営を推進するための第三者機関の調査に基づくESG評価指標（ESGインデックスであるDJSI World構成銘柄への選定の有無で評価）が採用されている。アサヒグループホールディングス株式会社では、賞与のうち、支給時期が3年に1度の「中期賞与」の評価指標の40%分にESGインデックスとして「CDP：Climate Change, Water」、「FTSE 4Good」および「MSCIサステイナビリティレイティング」の3つが採用されている。

2）Willis Towers Watson, *The growing importance of ESG measures in incentives, available at: https://www.willistowerswatson.com/en-US/Insights/2020/11/The-Growing-Importance-of-ESG-Measures-in-Incentives, Institutional investors and ESG in incentive plans: Agnostics or believers?*, available at: https://www.willistowerswatson.com/en-US/Insights/2020/07/Institutional-investors-and-ESG-in-incentive-plans-Agnostics-or-believers

3）これらの会社の有価証券報告書における役員報酬制度の開示は、金融庁公表の「記述情報の開示の好事例集2020」の「2.「ESG」に関する開示例」および「7.「役員の報酬等」の開示例」の中でも取り上げられている（https://www.fsa.go.jp/policy/kaiji/kaiji.html）。

【味の素株式会社　有価証券報告書（2021年3月期）80頁「⑷ 役員の報酬等」より一部抜粋】

2）中期業績連動報酬

中期業績連動型株式報酬の評価指標、目標値および評価ウエイトは、次のとおりです。

	評価指標	目標値	評価ウエイト
1	ＲＯＩＣ（投下資本利益率）達成率　（注）1	8.0%	60%
2	重点事業売上高比率達成率　（注）2	70%	20%
3	相対ＴＳＲ（株主総利回り）　（注）3	1	10%
4	従業員エンゲージメント（注）4	－	5%
5	ＥＳＧ目標　（注）5	－	5%

（注）1. 対象期間の各年度の目標達成率の加重平均値

（加重平均ウエイト：2020年度 25%、2021年度 25%、2022年度 50%）

ＲＯＩＣ（投下資本利益率）は、以下の算定式に基づき算出します（いずれの数値も連結ベース）。

∴ＲＯＩＣ＝（事業年度の税引後営業利益）÷［｛（事業年度の投下資本）＋（前事業年度の投下資本）｝÷２］

＊投下資本＝親会社の所有者に帰属する株主資本＋有利子負債

（注）2. 2022年度の目標達成率

重点事業売上高比率は、以下の算定式に基づき算出します（いずれの数値も連結ベース）。

∴重点事業売上高比率＝（2022年度の重点事業売上高）÷（2022年度の連結売上高）

（注）3. 2022年度の目標達成率

相対ＴＳＲは、以下の算定式に基づき算出します。

∴相対ＴＳＲ＝（最終事業年度末日の当社株主総利回り）÷（当社株主総利回り計算期間に相当する、配当込みＴＯＰＩＸの株主総利回り）

（注）4. 従業員エンゲージメント調査の結果および新中期経営計画に掲げた取組みと達成度を自己評価

（注）5. 新中期経営計画に掲げたESG目標への取組みと達成度を自己評価

【株式会社丸井グループ　第85回定時株主総会招集ご通知（2021年3月期）34頁　事業報告「⑵ 取締役及び監査役の報酬等」より一部抜粋】

・業績連動報酬等の目標とする業績指標および実績

<table>
<tr><th></th><th colspan="2">目標とする指標</th><th>目標値</th><th>実績</th></tr>
<tr><td>業績連動賞与</td><td colspan="2">ＥＰＳ</td><td>130.00円</td><td>10.86円</td></tr>
<tr><td rowspan="4">業績連動型株式報酬</td><td rowspan="3">財務指標</td><td>ＥＰＳ</td><td>130円以上</td><td>10.86円</td></tr>
<tr><td>ＲＯＥ</td><td>10.0%以上</td><td>0.8%</td></tr>
<tr><td>ＲＯＩＣ</td><td>4.0%以上</td><td>1.4%</td></tr>
<tr><td>非財務指標</td><td>ＥＳＧ評価指標</td><td>ＤＪＳＩ Ｗｏｒｌｄの
構成銘柄への選定の有無</td><td>有</td></tr>
</table>

（注）1. 上記業績指標のＲＯＥは資本収益性をはかる指標、ＥＰＳは株主を意識した指標、ROICは投下資本に対する指標として当社の中期経営計画における重要経営指標にしていたため選定しております。また、ＤＪＳＩ Ｗｏｒｌｄ（Dow Jones Sustainability World Index）は、長期的な株主価値向上への観点から、企業を経済・環境・社会の３つの側面で統合的に評価・選定するＥＳＧインデックスであり、当社の共創サステナビリティ経営を推進するための第三者機関の調査にもとづくＥＳＧ評価指標としていたため選定しております。また、目標達成度合いに応じて業績連動報酬係数の変動幅を業績連動賞与は０％～200％、業績連動型株式報酬は０％～110％の範囲に設定しております。

2. 業績連動賞与および業績連動型株式報酬の算定方法は上記①に記載のとおりです。

【アサヒグループホールディングス株式会社　有価証券報告書（2020年12月期）81頁「⑷ 役員の報酬等」より一部抜粋】

変動報酬一覧

種類	目的	期間	支給方法	支給時期	個人評価	クローバック条項
年次賞与	持続的かつ確実な成長、財務的価値向上と計画達成への強い動機付け	単年度	現金	翌年３月	あり	−
中期賞与	非連続な成長、中期業績達成への強い動機付け	３年	現金	当該期間後翌年３月	あり	−
株式報酬	長期にわたる継続した企業価値向上に対する動機付け 株主の皆様との利益・リスクの共有を図ること	３年	株式	退任時	−	あり

※取締役個々の貢献に報いるため、年次賞与と中期賞与制度について、個人評価反映の仕組みを導入（個人評価により＋30%〜▲30%の変動）

※クローバック条項：退任する役員に長期の企業価値向上に反する行為（次のいずれかに該当）があった場合は、確定した交付ポイントの一部又は全部を返還

(1) 不祥事等により取締役会が付与済ポイントを失効させることが適当と判断した者

(2) 会社法に定める取締役の欠格事由に該当することとなったことにより取締役会が付与済ポイントを失効させることが適当と判断した者

(3) その他上記(1) 又は(2) に準ずると取締役会が判断した者

変動報酬のKPI、フォーミュラ

種類	KPI								フォーミュラ
	選定理由	割合	項目			目標／前年	実績	係数	
年次賞与	年次計画KPIとの連動、持続的かつ確実な財務的価値向上	50%	連結事業利益			1,470億／2,130億	1,678億	84.94%	役位別基準額×（連結事業利益の目標比×係数＋同前年比×係数）×50%＋（親会社の所有者に帰属する当期利益の目標比×係数＋同前年比×係数）×50%×個人評価係数 ※個人評価により＋30%〜▲30%の変動
		50%	親会社の所有者に帰属する当期利益			800億／1,422億	928億		
中期賞与	中期計画KPIとの連動、CF経営の深化と社会的価値向上	60%	財務的価値指標	FCF		2,423億	−	−	役位別基準額×（財務的価値指標の目標比×60%＋社会的価値指標の目標比×40%）×中期個人評価係数 ※個人評価により＋30%〜▲30%の変動
				EBITDA		3,157億	−		
		40%	社会的価値指標	ESGインデックス	CDP Climate Change, Water	Aリスト	−		
					FTSE4Good	継続採用	−		
					MSCIサスティナビリティレイティング	BBB	−		

※新型コロナウイルス感染症の世界的流行を踏まえ、年次賞与KPIの2020年目標額は８月発表数値を使用（目標比の係数は期間に応じて30%に変更）

※中期賞与は３年に１度の支給となるため2020年は業績評価はなし、株式報酬は役位別定額により付与するためKPIはなし

4 ESG指標を役員報酬制度に組み込む場合の視点

(1) ESG指標の選択

役員報酬制度にESG指標を組み込む場合において、まず、どのようなESG指標を選択すべきかを検討する必要がある。大別すれば、①自社が独自に設定した指標を活用する方法と、②第三者評価機関の指標を活用する方法がある。

①の方法については、会社が中期経営計画等で経営目標として採用した指標と一致させることが原則となる。すなわち、役員報酬は、役員に対して会社の経営目標の達成を動機づけるための手段であるため、会社の経営目標がまず先にあるべきであり、それに沿う形で役員報酬の評価指標を選択することが自然である。会社の経営目標として採用されていないESG指標を役員報酬制度においていきなり採用することは基本的には想定されない。また、会社の経営目標に採用されているESG指標が複数存在する場合には、そのすべてを役員報酬制度に組み込むことも考えられる一方、その重要性に濃淡がある場合や、抽象度が高く経営陣の具体的な行動との関連性が分かりにくいものが含まれているような場合には、経営指標のうち、特に重要性が高いや、経営陣の具体的な行動規範に影響を与えるのに適したものを選択することで、経営陣へのインセンティブ付与機能の効果的な発揮を図ることが考えられる。

②の方法については、判定の客観性や明確性が確保できる点がメリットとして考えられるが、第三者評価機関の指標が自社の経営方針や経営目標と一致していないことも想定されるため、当該指標を採用してその目標達成のために経営陣が努力することが自社の中長期的な企業価値向上に資するか否かという点を慎重に検討する必要がある。

(2) ESG指標の役員報酬制度への組み込み方

ESG指標を役員報酬制度に組み込む方法としては、大別すれば、①ESG指標を独立の評価要素とし、あらかじめESG指標に係る部分として区分された一定割合の報酬の支給率をESG指標の評価結果に応じて変動させる方法と、②ESG指標も他の指標とあわせた業績評価の一要素とし、インセンティブ報酬全体の支給率をそれらの指標の総合的な評価結果に応じて変動させる方法が考えられる。従前より採用している報酬制度が、短期賞与など、特定の業績指標の評価と一義的には連動していないインセンティブ報酬であったような会社などでは、②の方法を採用することに馴染むところがある。もっとも、ESGへの取組みを対外的に示す観点からすると、①の方法を採用する方が報酬との関連性がより見えやすく、経営陣のコミットメントが明確に示されているとして好意的に評価されることが期待できるであろう。

なお、これらの組み込み方により、法人税法上の取扱いが異なり得るため、下記**4**(3)イで述べる留意事項も意識しながら、制度設計を検討する必要がある。

(3) ESG指標に係る役員報酬部分の全体に占める割合

役員報酬においてESG指標を採用するとしても、役員報酬の全体に占める割合を適切に設定する必要がある。ESG指標は重要な指標である一方、通常、会社の経営目標のうち、財務指標や株価指標を達成することのほうが中長期的な企業価値向上との関係ではより重要性が高い。そのため、財務指標による評価に係る役員報酬部分の方が主となり、非財務指標であるESG指標による評価に係る役員報酬部分の方が従たる割合にとどまるほうが通常は合理的であるように思われる。固定報酬、財務指標による役員報酬等とのバランスを考えて、ESG指標に係る役員報酬部分が全体に占める割合を適切に設定することが求められる。

(4) ESG指標に係る役員報酬の評価期間

ESGに関する取組みは、一般的には短期間で達成することが難しく、中期経営計画等の経営目標の中でもESG指標については中長期的な目標を掲げている場合が多い。そのため、役員報酬との関係においても、一つの選択肢として、中期経営計画の対象期間などと対応する形で、中長期的なインセンティブ報酬に組み込み、数年間の取組みの結果をまとめて評価して報酬を算定する方法が考えられる。もっとも、ESGに関する取組みは、10年、20年といった長期の目標設定がされているものも含まれ、中長期インセンティブ報酬として一般的な期間（3年間など）と必ずしも一致しないケースもある。また、米国においても、ウイリス・タワーズワトソン社の調査[4)]によれば、S&P500企業のうちESG指標を年次インセンティブ報酬に採用する企業が51%で、長期インセンティブに採用する企業は3%と少数にとどまるとされており、中長期インセンティブ報酬に組み込むことは必然ではないことがうかがわれる。そのため、とりわけ経営

4）Willis Towers Watson・前掲（注2）参照。

目標としてESG指標に関して単年度ごとの段階的な目標も設定されているような場合には、単年度のインセンティブ報酬としてESG指標を採用し、毎年その取組みを評価して報酬を算定することも合理的な選択肢であると考えられる。

なお、中長期インセンティブ報酬に組み込む場合においても、その対象期間中に役員の途中退任などの例外的な事情が生じた場合に、どの時点で評価を行うか（どの期間を対象として評価するか）という点は別途問題となり得るため、あらかじめ検討しておく必要がある。

⑸ ESG指標に係る評価の主体・方法

ESG指標については、とりわけ自社が独自に設定した指標を活用する場合、定量的・客観的な評価が難しく、特定の評価主体が定性的に評価するしかないものが含まれることが想定されるため、どのようにその実績を評価するかという評価の主体・方法をあらかじめ検討しておく必要がある。

会社の経営目標として定めている以上、その評価を取締役会で行うことが原則であると考えられるが、ESG指標に関しては、ESG委員会などを置いている場合には、当該委員会の判断を尊重して評価することも考えられる。

また、かかる評価結果に経営陣の恣意性が介入していないかを確認するために、取締役会の下に設置した独立社外取締役を主要な構成員とする独立した報酬（諮問）委員会をその評価プロセスに関与させることが考えられる。2021年6月のコーポレートガバナンス・コード改訂により、報酬（諮問）委員会の設置がComplyの直接の対象となり、また、報酬（諮問）委員会の独立性をより確保することが求められるようになるなど、報酬（諮問）委員会への期待が高まっている状況にあることも踏まえれば、これを活用することが有力な選択肢となる。

なお、報酬（諮問）委員会が関与するとしても、一から全て評価することは必ずしも求められない。ESG指標に限らず、中期経営計画とリンクさせる形で株式報酬や中長期業績連動報酬を設計する場合等には、中期経営計画を遂行する経営陣がその評価の原案を作成したほうが、より現実的かつ効率的な議論が可能となり、また、業績指標達成に対する経営陣のコミットメントという意義づけにも資すると考えられる。したがって、現在の会社の業績・財務状態およびその将来における見込みについて最も適切な情報を有していると考えられる経営陣が原案を作成し、その妥当性を、客観的・独立した見地から報酬（諮問）委員会が検証することも十分考えられ、また合理的であるといえる[5]。

5 ESG指標を役員報酬制度に組み込む場合に法的観点から留意すべき事項

(1) 会社法との関係で留意すべき事項

ア 令和元年改正会社法における役員報酬に係る改正の概要

役員報酬のインセンティブづけ機能に焦点が当たってきたことも踏まえ、令和元年改正会社法[6]において、役員報酬に関する法改正が行われている。

会社法上、指名委員会等設置会社以外の株式会社[7]は、取締役の報酬、賞与その他の職務執行の対価として株式会社から受ける財産上の利益（以下「報酬等」をいう）の額等を定款または株主総会の決議によって定める必要があるところ（会社法361条1項）、従来、これは取締役による「お手盛り」を防止する趣旨であると一般的に解されており、実務では、株主総会の決議において取締役全体の報酬等の上限を定め、その上限の範囲内で、株主総会からの委任を受けた取締役会（あるいはその再一任を受けた代表取締役）においてその配分としての取締役の個人別の報酬等の内容が定められてきた。

もっとも、上記2で述べたとおり、近年、コーポレートガバナンス・コードの影響もあり、役員報酬には、取締役に対して職務を適切に執行するインセンティブを付与するという重要な機能があるという点に焦点が当たるようになっており、投資家などからは、取締役の報酬等の内容を適切に定めるための仕組みの整備が企業統治の強化の観点から重要であると指摘されていた。また、法律実務家などからも、改正前の会社法の規律が業績等に連動したインセンティブ報酬を付与する上で明確でない部分があり、役員報酬のインセンティブ付与機能を活用する上で阻害要因になっているという指摘がされていた。

そこで、令和元年改正会社法においては、取締役の報酬等の内容の決定手続等に関する透明性の向上、報酬として株式を発行する場合の規定の整備、事業報告における情報開示の拡充といった観点から、会社法の規律の見直しが行われることとなった（以上につき、竹林俊憲『一問一答令和元年

5）澤口実＝渡辺邦広編『指名諮問委員会・報酬諮問委員会の実務〔第2版〕』（商事法務、2019年）143頁。

6）取締役の報酬等に関する改正は2021年3月1日に施行されている。

7）指名委員会等設置会社は、報酬委員会が取締役および執行役の個人別の報酬等の内容を決定する（会社法404条3項、409条3項）。なお、本章では、主に指名委員会等設置会社以外の株式会社を念頭において論じている。

改正会社法』(商事法務、2020年) 73頁以下)。

ESG指標を役員報酬制度に組み込む場合には、かかる会社法の改正を踏まえた検討が必要であるため、以下では、関連する令和元年改正会社法での改正点を必要に応じて紹介しながら、会社法との関係で特に留意すべき事項を述べる。

イ 個人別の報酬等の内容に係る決定に関する方針の決定

令和元年改正会社法により、取締役の報酬等の内容の決定手続等に関する透明性の向上の観点から、指名委員会等設置会社ではない上場会社等[8)]は、取締役会が取締役(監査等委員を除く)の個人別の報酬等の内容に係る決定に関する方針(以下「報酬決定方針」という)を決定することが義務づけられた(会社法361条7項、同施行規則98条の5)。

【報酬決定方針として定めるべき事項の概要】

① 個人別報酬等の次に掲げる事項の決定に関する方針
  (a) 業績連動報酬等に係る業績指標の内容および額または数の算定方法
  (b) 非金銭報酬等の内容および額もしくは数またはその算定方法
  (c) その他の報酬等の額またはその算定方法
② 個人別報酬等における各報酬の割合の決定に関する方針
③ 報酬等の付与の時期・条件の決定に関する方針
④ 個人別報酬等の内容の決定方法
⑤ 第三者(代表取締役等)に決定を委任する場合には、委任を受ける者、委任権限、権限の適切な行使のための措置があればその内容
⑥ その他個人別報酬等の内容の決定に関する重要な事項

報酬決定方針のうち、「業績連動報酬等」とは、利益の状況を示す指標、株式の市場価格の状況を示す指標その他の当該株式会社またはその関係会社の業績を示す指標(以下「業績指標」という)を基礎としてその額または数が算定される報酬等をいうとされている(会社法施行規則98条の5第2号)。ここでいう「業績指標」には、財務指標のみならず、非財務指標も含まれ得ると考えられているため[9)]、ESG指標を基礎として算定される報

8) 監査等委員会設置会社、または、社外取締役の設置が義務付けられる監査役会設置会社(公開会社かつ大会社であり、発行する株式について有価証券報告書の提出義務がある会社)が対象である。なお、指名委員会設置会社においては、改正前より、報酬委員会が取締役および執行役の個人別の報酬等の内容に係る決定に関する方針を決定することとされている(会社法409条1項)。

酬等は「業績連動報酬等」に該当し得る。そのため、ESG指標を組み込んだ役員報酬制度を導入する場合には、報酬決定方針において、業績連動報酬等に係る業績指標の内容にESG指標が含まれ得ることを示すことや、ESG指標に係る部分が報酬全体に占める割合を示すことが考えられる。あくまで「方針」であるため、必ずしも個別の業績指標の詳細を定めることは求められておらず、具体的にどこまで方針として設定するかという点は各社の取締役会の判断に委ねられる部分があるが、下記エのとおり、報酬決定方針の概要は事業報告で開示されることも踏まえると、投資家などの外部のステークホルダーにESGへの取組みの姿勢を積極的に示す観点からは、財務指標に限らずESG指標等の非財務指標も採用するということが分かるように報酬決定方針を定めることが望ましいように思われる。

ウ　ESG指標を役員報酬制度に組み込む場合に定款または株主総会決議により定めるべき事項

(ア) 金銭報酬の場合

金銭報酬に関して、定款または株主総会決議により、確定額（確定額報酬として決議する場合。会社法361条1項1号）または具体的な算定方法（不確定額報酬として決議する場合。会社法361条1項2号）を定める必要があるところ、株主総会の決議において取締役全体の報酬等の上限を定め、その上限の範囲内で、株主総会からの委任を受けた取締役会（あるいはその再一任を受けた代表取締役）において取締役の個人別の報酬等の内容を決定することができると解されている。

ESG指標を評価指標とする金銭報酬を新たに付与しようとする場合、株主総会決議で承認を受けた金銭報酬の額（または具体的な算定方法）の上限の範囲内にとどまる限り、株主総会決議による委任を受けた取締役会が、取締役会で定めた報酬決定方針に沿って、ESG指標を評価指標とする金銭報酬を新たに付与することは、従前の株主総会決議を取り直さなくとも可能との整理ができる場合が多いと考えられる。その意味では、金銭報酬にESG指標を組み込む際の手続の負担はあまり大きくない場合が多いといえよう。

9）令和2年省令パブリックコメント結果19頁において、「取締役の報酬等が会社法施行規則第98条の5第2号の業績連動報酬等に該当するかどうかは当該報酬等の内容に応じて個別に判断されることとなるが，非財務指標に基づいて額又は数が算定される取締役の報酬等が業績連動報酬等に該当する場合もあると考えられる。」との法務省の考え方が示されている。かかる考え方からすれば、ESG指標を組み込んだ報酬等の場合、最終的には各社の役員報酬制度の内容に応じて検討し、業績連動報酬等への該当性を判断する必要がある。

（イ）株式報酬の場合

ESG指標を評価指標として組み込む場合、金銭報酬に限られず、株式や新株予約権を用いた株式報酬に組み込むことも考えられるが、ESG指標を評価指標とする株式報酬を新たに付与しようとする場合、令和元年改正会社法との関係で留意を要する。

改正前は、定款または株主総会決議により、確定額（確定額報酬として決議する場合。会社法361条1項1号）または具体的な算定方法（不確定額報酬として決議する場合。会社法361条1項2号）を定めることに加え、「金銭でないもの」として「具体的な内容」を定めるものとされていたが（改正前の会社法361条1項3号）、「具体的な内容」としてどこまで特定しなければならないかについて解釈は明確でない部分があった。

そこで、令和元年改正会社法により、「金銭でないもの」のうち、自社の株式または新株予約権を取締役の報酬等として付与しようとする場合に定めるべき「具体的な内容」の明確化が図られている。具体的には、株式を付与する場合には、その上限、譲渡禁止の有無・譲渡禁止解除事由の概要、無償取得事由の有無・概要等を定める必要があり（会社法361条1項3号・同施行規則98条の2、会社法361条1項5号イ・同施行規則98条の4第1項）、新株予約権を付与する場合には、その上限、行使期間、行使条件の概要等を定める必要がある（会社法361条1項4号・同施行規則98条の3、会社法361条1項5号ロ・同施行規則98条の4第2項）[10]。

【株式を報酬等として付与する場合に定款または株主総会決議により定めるべき事項[11]】

① 株式の数（種類株式発行会社にあっては、株式の種類および種類ごとの数）の上限
② 株式の譲渡禁止を設けるときは、その旨および譲渡禁止解除事由の概要
③ 株式の無償取得事由を設けるときは、その旨および無償取得事由の概要
④ その他割当ての条件の概要

10）指名委員会等設置会社の場合も同様に、株式報酬の付与について報酬委員会で定めるべき事項が明確化されている（株式につき、会社法409条3項3号・同施行規則111条、会社法409条3項5号イ・同施行規則111条の3第1項。新株予約権につき、会社法409条3項4号・同施行規則111条の2、会社法409条3項5号ロ・同施行規則111条の3第2項）。報酬委員会は、取締役および執行役の個人別の報酬等の内容を決定する必要があるため（会社法404条3項）、付与する株式又は新株予約権の数の「上限」ではなく「数」を定め、また、「概要」ではなく「内容」を定める必要がある。

【新株予約権を報酬等として付与する場合に定款または株主総会決議により定めるべき事項[12]】

① 新株予約権の数の上限
② 新株予約権の目的である株式の数またはその算定方法
③ 新株予約権の行使に際して出資する財産の価額またはその算定方法
④ 金銭以外を出資財産とするときはその旨および当該財産の内容・価額
⑤ 行使期間
⑥ 行使についての資格要件があるときはその概要
⑦ その他の行使条件の概要
⑧ 新株予約権の譲渡承認を要するときはその旨
⑨ 新株予約権に取得条項を付すときはその内容の概要
⑩ その他割当ての条件の概要

新たに株式報酬制度を導入し、その評価指標としてESG指標を採用する場合には、かかる改正を踏まえ、定款または株主総会決議において、株式の場合には譲渡禁止解除事由、無償取得事由および割当ての条件の概要、新株予約権の場合には行使条件および割当ての条件の概要として、ESG指標を採用することを想定した内容を定めておかなければならないことに留意が必要である。

この点、「概要」としてどの程度の内容を定款または株主総会決議により定める必要があるかという点については、当該株式報酬が「取締役に適切なインセンティブを付与するものであるかどうかを株主が判断するために必要な事項」を定める必要があると解されている[13]。したがって、必ずしも評価指標を具体的に定めることまでは求められていないものの、業績指標としてESG指標を採用することがあり得ることを明記しておくか、少なくともその可能性を排斥しない定め方にしておく必要があると考えられ

11）株式を報酬等として付与する場合、実務上、取締役に対して金銭報酬債権を付与し、それを会社に現物出資させることにより株式の発行または自己株式の処分が行われてきたが（いわゆる現物出資構成）、令和元年改正会社法により、上場会社が取締役の報酬等として株式の発行または自己株式の処分をするときは、募集株式と引換えにする金銭の払込みまたは現物出資財産の給付を要しないことが認められた（会社法202条の2第1項1号。いわゆる無償交付構成）。定款または株主総会決議で定めるべき事項は、新たに認められた無償交付構成の場合でも、従来からの現物出資構成の場合でも、同様である。
12）新株予約権を報酬等として付与する場合、実務上、取締役に対して無償で交付する方法（いわゆる無償交付構成）のほか、取締役に対して金銭報酬債権を付与し、それと相殺することをもって新株予約権の発行を行う方法（いわゆる相殺構成）が採用されてきたところ、定款又は株主総会決議で定めるべき事項は、無償交付構成、相殺構成、いずれの場合でも同様である。
13）令和2年省令パブリックコメント結果14頁。

る。

また、従前より株式報酬制度を導入しており、ESG指標を新たに評価指標として株式報酬に組み込もうとする場合には、改めて株主総会決議を要するかを検討する必要がある。従前の株主総会決議において、たとえば、概要として、会社の中期経営計画で定める経営目標を評価指標とするといった形で抽象的な定め方をしていたような場合には、取締役会において、当該株主総会決議により承認を受けた範囲内で、評価指標としてESG指標を新たに採用することが可能と整理できる場合もあると考えられる。他方、そうではなく、業績条件の設定について何ら触れられていなかった場合や、ESG指標以外の特定の業績指標を評価指標とすることが限定的に定められていたような場合には、改めてESG指標を評価指標とし得る内容の株式報酬に係る株主総会決議を取り直す必要が生じうる。そのため、もし既存の株式報酬制度にESG指標を評価指標として組み込むことを検討する場合には、従前の株主総会決議の内容を踏まえ、改めて決議を取り直す必要がないかを確認する必要がある。

エ　事業報告における開示

会社法上、公開会社は事業報告において取締役の報酬等に関して一定の事項を開示する必要があるところ、令和元年改正会社法において、取締役に適切なインセンティブを付与するものであるかどうかを株主が判断することができるようにする観点から、事業報告における情報開示の拡充が図られている（会社法施行規則121条4号ないし6号の3等）。

【公開会社の事業報告における取締役の報酬等に関して開示すべき事項】

① 報酬等の種類別（業績連動報酬等、非金銭報酬等、その他の報酬等）の総額

② 業績連動報酬等に関して、（a）業績連動報酬等の額または数の算定の基礎として選定した株式会社の業績指標の内容および当該指標を選定した理由、（b）業績連動報酬等の額または数の算定方法、（c）業績連動報酬等の額または数の算定に用いた業績指標の実績

③ 非金銭報酬等の内容

④ 報酬等についての株主総会の決議に関する事項（会社法361条1項の株主総会の決議の日、当該決議の内容、当該定めに係る会社役員の員数）

⑤ 取締役（監査等委員を除く）の個人別報酬等の決定方針（指名委員会等設置会社においては、会社法409条1項の方針）を定めている場合には、（a）当該方針の決定の方法、（b）当該方針の内容の概要、（c）当該

事業年度に係る個人別報酬等の内容が当該方針に沿うものであると取締役会（指名委員会等設置会社においては、報酬委員会）が判断した理由

⑥ 上記以外の各会社役員の報酬等の額またはその算定方法に係る決定に関する方針を定めているときは、当該方針の決定の方法およびその内容の概要

⑦ 取締役（監査等委員を除く）の個人別の報酬等の内容に係る決定を委任された代表取締役等がその全部または一部を決定した場合には、（a）委任を受けた者の氏名・地位・担当、（b）委任された権限の内容、（c）委任の理由、（d）権限が適切に行使されるための措置があれば、その内容

ESG指標を組み込んだ役員報酬制度との関係でみると、取締役会が決定した取締役の個人別の報酬決定方針の内容の概要を開示する必要があるとされているため（会社法施行規則121条6号)、業績連動報酬等の業績指標としてESG指標を採用することを報酬決定方針で定めている場合にはその概要が事業報告で開示されることになる。また、業績連動報酬等に関しては、（a）業績連動報酬等の額または数の算定の基礎として選定した株式会社の業績指標の内容および当該指標を選定した理由、（b）業績連動報酬等の額または数の算定方法、（c）業績連動報酬等の額または数の算定に用いた業績指標の実績をそれぞれ開示する必要があるとされているため（会社法施行規則121条5号の2)、ESG指標として採用した具体的な指標の内容やその選定理由、それを基礎とする報酬の算定方法、評価結果である実績について開示することになる。ESG指標を組み込んだ役員報酬制度を導入する際には、このように事業報告で株主をはじめとする外部のステークホルダーにその内容が開示されることを意識しながら制度設計を検討することも重要である。

(2) 有価証券報告書における開示との関係で留意すべき事項

有価証券報告書においては、「コーポレート・ガバナンスの状況等」の一内容として「役員の報酬等」に関する記載が求められている（企業内容等の開示に関する内閣府令第2号様式記載上の注意（57)、第3号様式記載上の注意（38))。

【有価証券報告書における「役員の報酬等」として開示すべき事項】

- 最近事業年度における取締役（監査等委員および社外取締役を除く）、監査等委員（社外取締役を除く）、監査役（社外監査役を除く）、執行役および社外役員への報酬等の総額、報酬等の種類別（たとえば、固定報酬、業績連動報酬、非金銭報酬等（会社法施行規則98条の5第3号）および退職慰労金等の区分）の総額および支給対象人数（役員区分ごとに記載）
- 連結報酬等の総額が1億円以上である者の総額等（氏名、役員区分、連結報酬等の総額、その種類別の額）
- 使用人兼務役員の使用人給与のうち重要なものがある場合には、その総額、支給対象人数およびその内容
- 提出日現在における役員報酬等の額またはその算定方法の決定に関する方針の内容および決定方法（役職ごとの方針に定めている場合には、その内容も記載）。また、会社法361条7項の方針または同法409条1項の方針を定めている場合には、会社法施行規則121条6号イからハまでに掲げる事項
- 役員報酬等に、利益の状況を示す指標・株式市場価格の状況を示す指標等を基礎として算定される報酬（業績連動報酬）が含まれる場合、
  (a)業績連動報酬と業績連動報酬以外の報酬等の支給割合の決定に関する方針の内容
  (b)業績連動報酬に係る指標、その指標を選択した理由および額の決定方法
  (c)最近事業年度における当該業績連動報酬に係る指標の目標および実績
- 役員報酬等の全部または一部が非金銭報酬等であるときは、その内容
- 役員報酬等に関する株主総会決議がある場合、その決議年月日および決議内容（当該定めに係る役員の員数を含む）
- 役員報酬等の額またはその算定方式の決定に関する方針の決定権限を有する者の氏名または名称、その権限の内容および裁量の範囲
- 取締役会から委任を受けた取締役その他の第三者が当該事業年度に係る取締役の個人別の報酬等の内容の全部または一部を決定したときは、その旨、委任を受けた者の氏名、当該内容を決定した日における当該株式会社における地位・担当、委任された権限の内容、委任の理由、当該権限が適切に行使されるようにするための措置を講じた場合における当該措置の内容
- 役員報酬等の額またはその算定方式の決定に関する方針の決定に関与する委員会等が存在する場合、その手続きの概要
- 役員報酬等の額の決定過程における、取締役会（指名委員会等設置会社にあっては報酬委員会）および委員会等の活動内容

上記(1)エのとおり、令和元年改正会社法により事業報告における情報開示の拡充が図られたが、事業報告で新たに開示が求められる事項は、2019年1月の企業内容等の開示に関する内閣府令の改正を踏まえて有価証券報告書において既に開示が求められてきた事項と重複する部分も多かった。その上、令和元年改正会社法を踏まえ、事業報告の記載事項と有価証券報告書の記載事項との平仄を揃える観点から、企業内容等の開示に関する内閣府令の更なる改正（2021年2月3日公布）が行われている[14)]。その結果、事業報告と有価証券報告書のそれぞれにおいて役員報酬に関して開示すべき事項は、相当の部分が重複する状況となっている。

ESG指標を組み込んだ役員報酬制度との関係でみると、上記(1)エの事業報告で述べたところが同様にあてはまり、有価証券報告書においても、報酬決定方針や業績連動報酬に関する開示が求められているため、ESG指標を組み込んだ役員報酬制度を導入する際には、有価証券報告書での開示も意識しながら制度設計を検討することになろう。

(3) 税法上の取扱いとの関係で留意すべき事項

ア 役員報酬制度に係る税法上の観点

役員報酬制度を検討する際には、役員側の課税関係と会社側の課税関係にも配慮する必要がある。このうち役員側の課税関係については、所得税法上、当該役員報酬が給与所得、退職所得等のうちのいずれの所得区分に分類されるのか、また、課税のタイミングはいつかという点が重要であるところ、それらは評価指標の違いによって直接的な影響を受けることは基本的に想定されず、ESG指標を評価指標として採用する際に固有に留意すべき事項は少ないと考えられる。

他方、会社側の課税関係としては、法人税法上、当該報酬額を損金算入することができるかという点が重要であるところ、それらは評価指標の違いによって直接的な影響を受けるものであり、ESG指標を役員報酬の評価指標として採用する場合、損金算入することができない場合がある点に留意が必要である。そこで、以下では、法人税法上の損金算入の可否という問題に焦点を当てて、ESG指標を役員報酬制度に組み込む場合に特に

14）令和元年改正会社法により新たに事業報告による開示の対象とされたが従来の有価証券報告書では明示的な開示事項となっていなかった事項として、①取締役の個人別の報酬等の内容についての決定に関する方針に関する事項、②非金銭報酬等の総額および内容、③取締役会から取締役に個人別の報酬等の内容の決定権限の委任があった場合における委任を受けた取締役に関する事項等が有価証券報告書における「役員の報酬等」の開示事項として追加されている。

留意すべき事項を述べる。[15)]

イ　法人税法上の損金算入の可否

（ア）法人税法上の損金算入が認められる類型の概要

役員報酬（役員給与）については、報酬が一定の類型に該当する場合に限り損金算入が認められる（法人税法34条1項柱書）。具体的には、①定期同額給与（法人税法34条1項1号）、②事前確定届出給与（法人税法34条1項2号）または③一定の要件を満たす業績連動給与（法人税法34条1項3号）のいずれかに該当しなければ損金算入できない。また、退職給与については、業績連動給与に該当しないものについては原則損金算入が可能であるが、業績連動給与に該当するものについては、業績連動給与の損金算入要件を満たさない限り損金算入ができない（法人税法34条1項柱書）。

（イ）ESG指標を評価指標とする役員報酬の業績連動給与としての損金算入の可否

ESG指標を評価指標として採用し、その実績に連動する役員報酬制度とする場合には、上記（ア）の損金算入が認められる類型のうち、③の業績連動給与としての損金算入の可否がまず問題となる。

法人税法上、「業績連動給与」とは、「利益の状況を示す指標、株式の市場価格の状況を示す指標その他の同項の内国法人又は当該内国法人との間に支配関係がある法人の業績を示す指標を基礎として算定される額又は数の金銭又は株式若しくは新株予約権による給与及び第54条第1項に規定する特定譲渡制限付株式若しくは承継譲渡制限付株式又は第54条の2第1項に規定する特定新株予約権若しくは承継新株予約権による給与で無償で取得され、又は消滅する株式又は新株予約権の数が役務の提供期間以外の事由により変動するもの」をいうとされている（法人税法34条5項）。ESG指標の実績に連動する役員報酬制度の場合、それは業績連動給与に該当するとの整理が自然である場合が多いと考えられる。

もっとも、業績連動給与として損金算入が認められるための要件の一つとして、業績連動給与の算定指標に係る要件があるところ、ESG指標は通常この要件を満たすことが難しい。すなわち、損金算入可能な業績連動給与の算定指標として利用できるものは、その給与に係る職務を執行する期間の開始の日（以下「職務執行期間開始日」という）以後に終了する事業

15）なお、税務上の取扱いに関しては、弁護士や顧問税理士などとも相談しながら、ESG指標に係る役員報酬制度の設計を検討することが求められる。

年度の「利益の状況を示す指標」、職務執行期間開始日の属する事業年度開始の日以後の所定の期間もしくは職務執行期間開始日以後の所定の日における「株式の市場価格の状況を示す指標」または職務執行開始日以後に終了する事業年度の「売上高の状況を示す指標」(利益指標・株価指標と同時に用いられるものに限る)に限定されている(法人税法34条1項3号イ)。ESG指標は、通常、上記のいずれにも該当しないため、当該要件を満たすことができず、基本的には業績連動給与としての損金算入ができないことに留意されたい。

なお、ESG指標の実績に連動する役員報酬部分について損金算入が認められないとしても、たとえば、上記の損金算入可能な算定指標に該当する財務指標と連動する役員報酬部分が併存している制度設計の場合も考えられるところ、その場合には、業績連動給与として損金算入ができる部分とできない部分を明示的に切り分けられるように工夫することが考えられる。すなわち、支給額の算定方法に業績連動給与としての要件を満たす部分と満たさない部分とが混在する場合は、業績連動給与としての要件を満たす部分を明示的に切り分けられるときには、業績連動給与としての要件を満たす部分については、業績連動給与に該当し、原則として損金算入ができると考えられているため[16]、この点に配慮してESG指標を組み込んだ役員報酬制度を設計することにより、損金算入できない金額をなるべく最小限にとどめるようにすることも合理的な判断の一つと考えられる。

(ウ) ESG指標を評価指標とする役員報酬の事前確定届出給与としての損金算入の可否

上記(イ)のとおり、ESG指標の実績に連動する役員報酬制度とする場合には通常は損金算入が難しいと考えられるが、「連動」しない制度設計とすることで、上記(ア)の損金算入が認められる類型のうち、②の事前確定届出給与としての損金算入を目指す余地はある。

業績連動給与は、業績に「連動」する場合に該当するものであるため、一定の要件を満たせば確定数が支給される(または一切消滅しないもしくは一切無償取得されない)が、要件を満たさない場合には一切支給されない(または全部消滅するもしくは全部無償取得される)との要件が設定されている給与は、業績連動給与に該当せず、事前確定届出給与としての要件を満たせば、その確定数が支給された場合に損金算入できると考えられている[17]。

---

16) 経済産業省産業組織課「『攻めの経営』を促す役員報酬～企業の持続的成長のためのインセンティブプラン導入の手引～(2021年6月時点版)」93頁。

そこで、ESG指標を評価指標としつつも、その実績に連動させず（段階的な評価にせず）、その達成・不達成のみに応じて当該役員報酬部分の支給・不支給が決まるという、いわゆるオール・オア・ナッシングの条件を付した役員報酬制度とすれば、事前確定届出給与としての損金算入が認められる余地がある。ESG指標に関しては、財務指標と異なり、そもそも定量的な段階的評価が難しい場合も多く、また、役員報酬全体に占める割合が小さいのであれば、達成・不達成のみでESG指標に係る役員報酬部分の支給の有無を判定するという制度設計が不合理でないという判断も十分にあり得よう。

なお、ESG指標を役員報酬制度に組み込む場合には上記のとおり法人税法上の損金算入の可否の観点も意識しておく必要があるものの、損金算入のために本来会社として望ましいと考えている制度設計を不当に歪めることがないようには留意されたい。

6 おわりに

以上のとおり、ESG指標を役員報酬制度に組み込もうとする場合に検討すべき事項や法律上の規制との関係で特に留意すべき事項について論じてきたが、ESG指標の導入が経営陣に対する中長期的な企業価値向上のインセンティブ付与に資するか否かは、各社の取り巻く状況や経営戦略によっても異なり、また、我が国においても比較的新しい取組みであるため、実際に導入してみないとその実効性の有無は判断できない部分もあると思われる。そのため、経営にESGの要素を取り入れた場合には、小さい割合からでも実際にESG指標を役員報酬制度に組み込んだ上で、随時その効果を検証し、必要に応じて見直しを行いながら、取組みを深化させていく姿勢で臨むことも重要であろう。

17）財務省「平成29年度税制改正の解説」305頁。

第5章

ESGと開示

1 はじめに

近年のESGやサステナビリティへの意識の高まりはグローバル規模で圧倒的な流れを形成し大きなうねりをあげている。経済・社会の発展の下で、皺寄せを受けまたは後回しにされてきた問題、たとえば、気候変動、貧困問題や差別など、経済、社会、環境の歪み、およびそれらのシステムにおける限界が、近時、より具体的かつ切迫した強い危機感を生じさせている。一方で、これまで企業においてコストとして認識されていたこれらの課題が、経済的な価値や企業価値との結びつきの議論を得て、その潮流を加速させている。E（環境)、S（社会)、G（ガバナンス）それぞれにおいてこれまで個別問題として対処されてきた無数の点・線が、相互に関連するものとして、面として再構成され、その存在を確実なものにしつつある。政府が対応すべき、または一人ひとりの意識変化や努力といった言葉でまとめられがちな領域が、企業の行動規範へと転移し、その行動様式を大きく修正している。

こうした動きは、まず投資家サイドから起きたものであり、特定の好ましくないテーマに関与等する企業を投資対象から除外する動き（ネガティブスクリーニング）などは古くから行われていた。その後、年金基金など大口のアセットオーナーが、ESG課題への取組みを求める動きに支持・賛同することで、機関投資家全体に反響していくこととなり、各投資先において企業価値に影響し得るESG課題・リスクを認識し、それらに適切に取り組むことを求めるとともに、その状況を適切に開示することを求めている。一方で、企業においても、投資者からのプレッシャーの下、ESG課題・リスクに対応する中で、その取組みについての正当な評価を求め、企業価値の向上につなげたいと欲し、また、他社との差別化を望むようになる。ESG投資の隆盛における企業法務（商事法務）への影響という観点では、情報開示はESG投資の前提となる基盤を提供するものであり、企業・投資者双方にとって最も影響が大きい分野といえる。

2 ESG開示を取り巻く国際的な状況

ESG課題等の認識・取組みの開示については、国際的には、どの媒体において開示するのか（媒体の問題）、どのような基準に従い何を記載するのか（内容の問題）が議論の中心となっている。

前者の媒体の問題については、各国によって対応は区々であるが、大きく分けると法規制の枠組みの中で開示するのか（法定開示）、その枠の外で開示するのか（任意開示）という議論に集約される。これまでは統合報告書、サステナビリティレポートやESGレポートなど任意開示の方法で開示することを前提とした議論が多く行われていたが、近時、特に欧米では、気候変動リスクの開示を中心として、国内法制整備の機運が高まっている。[1)]

後者の開示の内容については、ここでは詳細に立ち入らないが、原則主義に基づくフレームワークを提供する国際統合報告フレームワーク[2)]やTCFD提言[3)]、細則主義に基づくフレームワークを提供するGRIスタンダード[4)]やSASBスタンダード[5)]など多数のものがある。それぞれの基準は

1）たとえば、EUでは、2020年2月、NFRD（Non-financial Reporting Directive：非財務報告指令）の改正の方向性（非財務情報を開示すべき媒体、開示内容の標準化を含む）に関する市中協議が実施され、2021年4月に上場企業及び大企業に対し、サステナビリティ情報の開示を要求する企業サステナビリティ報告指令案が公表された（2023会計年度から適用開始が予定されている）。また、英国では、2020年11月10日、財務省が、TCFD提言に基づく開示の義務化に向けたロードマップを公表している。加えて、2021年1月より、ロンドン証券取引所プレミアム市場の上場企業に対し、TCFD提言に沿って、コンプライオアエクスプレイン方式による開示を義務化した（同年6月には、スタンダード市場の上場企業にも対象を拡大する市中協議を実施した）。2021年3月には、上場企業及び大企業に対し、気候変動開示を義務付ける会社法改正に係る市中協議を実施した。米国では、2021年1月に署名された大統領で気候関連リスクと温室効果ガス排出量の開示に取り組むことに言及されていたが、同年3月、米国証券取引委員会が、気候変動開示に関する現行ルールを見直すための意見募集を実施した。同意見募集に寄せられた意見のうち多数が、義務的な気候変動開示に賛成を示したため、2021年7月、同委員会委員長は、気候変動リスク開示の義務化に関するルールの提案を2021年末までに策定するように、同委員会スタッフに指示している。

2）IIRC（International Integrated Reporting Council：国際統合報告評議会）が2013年に公表した企業の財務情報と非財務情報を統合的に報告する統合報告書作成についてのフレームワーク。情報利用者としては投資者等を想定する。

3）金融安定理事会が設置したTCFD（Task Force on Climate-related Financial Disclosures：気候変動関連財務情報開示タスクフォース）が2017年に公表した気候変動の影響が企業の財務にもたらすリスクおよび機会に係る開示の推奨事項についての最終報告書。情報利用者としては投資者等を想定する。

相互補完的であり排他的ではないともいわれるが、共通した定義がないこと、形式・指標・利用者・対象範囲が異なることなどから、企業、投資者それぞれから利便性の向上を求める声が上がっている。このような背景の下、2021年4月30日、IFRS（International Financial Reporting Standards：国際会計基準）財団が、サステナビリティに関する国際的な報告基準を策定する基準設定主体となるISSB（International Sustainability Standards Board：国際サステナビリティ基準審議会）の設置に向けた市中協議を実施するなど、基準の統一化に向けた胎動が日増しに大きくなっている。

3 日本におけるESG開示の状況

(1) ESG情報開示に係る関係省庁等の動向

日本におけるESG開示に関する議論は、前記の媒体や内容自体に関するものというよりも、当該媒体や内容をどう活用するかや活用をどう促すかに焦点が当たっているといえる。そこで、以下では、かかる活用やその促進に関する議論の現状についてみていきたい。

まず、金融庁は、2018年6月28日、記述情報（非財務情報）の記載の充実化に関する、「ディスクロージャーワーキング・グループ報告―資本市場における好循環の実現に向けて」を公表し、Ⅰ.5.「その他」で「有価証券報告書では、公益又は投資者保護のため必要かつ適当な事項を記載することが求められており、個別に記載が求められている事項のほか、ガバナンスや社会・環境問題に関する事項（いわゆるESG要素）が発行体の事業や業績に重要な影響を与える場合には、有価証券報告書の経営方針、経営環境及び対処すべき課題等、MD&A、事業等のリスクの項目において、それらの事項についての開示が求められる」とし、有価証券報告書という既存のフレームワークの中で、ESG要素の記載が求められる場合があることを示している。さらに、「記述情報の開示の好事例集」を作成し、「『ESG』に関する開示例」として、同庁が好事例と評価するものを社名入りで公表することで充実した開示を促す。

4）GRI（Global Reporting Initiative：グローバル・レポーティング・イニシアティブ）が2000年に公表した企業が経済・環境・社会に与える影響についての開示基準。情報利用者としてはマルチ・ステークホルダーを想定する。

5）SASB（Sustainability Accounting Standards Board：サステナビリティ会計基準審議会）が2018年に公表した、サステナビリティの課題が、企業の財務的パフォーマンスに与える影響についての開示基準。情報利用者としては投資者等を想定する。なお、2021年6月、SASBとIIRCが統合し、VRF（Value Reporting Foundation：価値報告財団）が設立されている。

さらに、経済産業省も、2017年5月29日に「価値協創のための統合的開示・対話ガイダンス―ESG・非財務情報と無形資産投資」（以下「価値協創ガイダンス」という）を策定し、企業と投資者が情報開示や対話を通じて互いの理解を深め、持続的な価値協創に向けた行動を促す。これは、ESG開示にとどまるものではないが、情報開示や対話を促すツールとしての利用が期待されている。また、同省は、2018年12月25日、事業会社がTCFD提言に沿った情報開示を行うに当たっての解説や参考となる事例の紹介と、業種ごとに事業会社の取組みが表れる「視点」の提供を目的とした「気候関連財務情報開示に関するガイダンス（TCFDガイダンス）」を作成した[6)]。TCFDガイダンスは、価値協創ガイダンスの気候変動に特化した各論として位置づけられるが、TCFD提言の利用を容易にするものであり、これもESG開示を促すものの一つといえる。

また、株式会社東京証券取引所（以下「東証」という）をはじめとする全国の証券取引所は、2021年6月11日にコーポレートガバナンス・コード（以下「CGコード」という）を改訂し、取締役会の責務として「気候変動などの地球環境問題への配慮、人権の尊重、従業員の健康・労働環境への配慮や公正・適切な処遇、取引先との公正・適正な取引、自然災害等への危機管理など、サステナビリティを巡る課題への対応は、リスクの減少のみならず収益機会にもつながる重要な経営課題であると認識し、中長期的な企業価値の向上の観点から、これらの課題に積極的・能動的に取り組むよう検討を深めるべき」（補充原則2―3①）として、ESG課題・リスクへのより一層の対応を求める。加えて、「上場会社は、経営戦略の開示に当たって、自社のサステナビリティについての取組みを適切に開示すべき」（補充原則3―1③）としてESG課題への取組みに係る開示を求めるとともに、プライム市場上場会社に対しては、「気候変動に係るリスク及び収益機会が自社の事業活動や収益等に与える影響について、必要なデータの収集と分析を行い、国際的に確立された開示の枠組みであるTCFDまたはそれと同等の枠組みに基づく開示の質と量の充実を進めるべき」として気候変動に係る具体的な開示を要求する[7)]。

6）TCFDガイダンスは、2020年7月31日に民間主導でTCFDガイダンス2.0へと改訂された。
7）CGコードの改訂版の適用は、東証の市場区分再編と関連づけて実施される。プライム市場及びスタンダード市場の上場会社向けには原則としてすべての基本原則、原則、補充原則が適用されるが、気候変動開示など、その一部についてはプライム市場の上場会社にのみ適用される。適用時期としては、原則として、準備が出来次第速やかに、かつ遅くとも2021年12月末日までに対応が必要となるが、プライム市場の上場会社向けの改訂については2021年4月4日から適用される。

これらの流れに加え、2021年6月25日に開催された第46回金融審議会総会・第34回金融分科会合同会合では、ディスクロージャーワーキング・グループを設置し、気候変動対応、人的資本の投資等サステナビリティに関する開示のあり方について審議することとされ、また、国際会計基準（IFRS）に関連する日本の市場関係者の意見集約を目的とした会議体であるIFRS対応方針協議会が、前記のIFRS財団による基準設定主体の設置に向けた市中協議に対して賛同意見を表明するなど、日本においても、国際的な法制化・基準統一化の動きに呼応する。

⑵　ESG情報開示に係る日本企業の動向

こうしたESG開示を促す潮流の中で、日本企業が、どのようにESG開示に取り組んでいるのかについては、2020年12月、商事法務研究会会員企業98社に対して実施されたアンケート調査（回答社数は36社。以下「本調査」という）の結果も参考となる[8)]。

ア　開示の媒体

本調査においてESG開示を行っていると回答した会社においては、どの書類および項目で開示しているか（複数回答可）との問いに対し、29件の回答のうち、「アニュアルレポートまたは統合報告書」が21件（72.4%）、「有価証券報告書、四半期報告書の『事業等のリスク』」が15件（51.7%）、「有価証券報告書、四半期報告書の『経営方針、経営環境及び対処すべき課題等』」が14件（48.3%）、「有価証券報告書、四半期報告書の『コーポレート・ガバナンスの状況等』」が12件（41.4%）、「CSRレポート、サステナビリティレポート、ESGレポート」が12件（41.4%）、「事業報告書」が12件（41.4%）であり、アニュアルレポートまたは統合報告書での開示が目立つが、CSRレポート、サステナビリティレポート、ESGレポートといった個別媒体における開示の状況もみてとれた。また、有価証券報告書・四半期報告書といった法定開示書類における開示も多数の企業においてみられることが特筆に値する。

有価証券報告書（内国上場会社は企業内容等の開示に関する内閣府令（以下「開示府令」という）第三号様式の記載上の注意に従う）においては、「コーポレート・ガバナンスの状況等」として企業統治の体制の概要や内部統制システムの整備の状況、リスク管理体制の整備の状況等についての

8）当該調査の詳細に関しては、宮田俊「ESGと商事法務⑵― ESGと開示」旬刊商事法務2257号参照。

記載が求められる[9]。しかし、これらはもっぱらガバナンスに係る状況の記載を求めるにとどまり、課題やリスクの認識・取組みの記載を直接的に求めるものではない。

他方で、前記のとおり、金融庁は、ESG要素が発行体の事業や業績に重要な影響を与える場合には、有価証券報告書の経営方針、経営環境および対処すべき課題等、MD&A、事業等のリスクの項目において開示を求めており、このような金融庁の考え方にも沿うように、有価証券報告書においても、ESG課題等の認識・取組みを記載する会社が増加している状況にある。

すなわち、ESG課題等の認識・取組みが、事業・業績に対しても重要な影響を与えるものとの認識が高まる中で、既存の法定開示の体系の中で、その記載を盛り込む動きが出始めているといえる。

イ　開示の基準・フレームワーク

ESG開示を行うに当たり（または今後検討するに当たり）、どのような基準・フレームワークを参照しているか（複数回答可）という問いに対しては、35件の回答があった。

そのうち、「GRIスタンダード」が25件（71.4%）、「国際統合報告書フレームワーク」が21件（60.0%）、「TCFD提言書」が18件（51.4%）、「ISO26000」、「環境省『環境報告ガイドライン』」との回答がいずれも16件（45.7%）、「SASBスタンダード」が9件（25.7%）であった。ESGに関する情報開示基準についてはGRIスタンダード、国際統合報告書フレームワークやTCFD提言の利用が多く、SASBスタンダードの利用は一定数にとどまっている。

ウ　開示の内容

前記アで「開示している」との回答の場合、いかなる項目を開示しているか（複数回答可）という問いに対しては、環境（E）及び社会（S）については、それぞれ29件の回答、ガバナンス（G）については、28件の回答があった。

ガバナンス（G）については、会社法の事業報告書や金融商品取引法（以下「金商法」という）の有価証券報告書において、役員構成や役員報酬等の開示の枠組みが用意されているため、それに沿った開示がなされていることを前提とする回答であるものと想定されるが、環境（E）および社会（S）については、法定開示書類において、基本的には特定の開示項目

9）開示府令第三号様式記載上の注意㉟の準用する第二号様式記載上の注意。

がなく、また、基準の選定や基準の中での記載項目の選定、内容、記載の程度などは各社の判断によるものの、重要と認識されているテーマについては共通する部分も少なくないといえる。

エ　小括

本調査からは、前記(1)でみたESG開示を促す潮流の中で、企業においても、ESG開示に積極的に取り組む姿勢がみてとれる。一方で、複数の媒体において、複数の基準を用いてESG開示に取り組んでいる状況があるなど、媒体や基準の選択、利用についての悩みや検討の状況が多少なりともうかがい知れ、国際的な法制化・基準統一化の動きの背景事情とも同様の状況が日本においても存在しているのではないかと推察される。

4 ESG開示と法的責任

(1) 法定開示書類における開示責任のフレームワーク

前記のとおり、有価証券報告書を含む法定開示書類においても、ESG課題、リスク、目標等を記載する動きが現れている。

任意開示書類における記載であれば何ら法的な責任を生じさせないということではないが、法定開示書類における記載のほうがより法的な責任に直結しやすいという面があることから、以下では、金商法上の継続開示書類、特に有価証券報告書や四半期報告書（以下「有価証券報告書等」という）における記載と法的な責任について検討してみたい。

金商法上、有価証券報告書等において、重要な事項の虚偽記載、記載の欠缺、または誤解を招く記載がある場合[10]には法的な責任が生じる。虚偽記載については刑事責任、行政責任（課徴金）および民事責任いずれの対象にもなるが、記載の欠缺については刑事責任および行政責任のみ、誤解を招く記載については民事責任のみという枠組みになっている。[11]

「重要な事項」とは、投資者の投資判断に重要な影響を及ぼす事項をいうが、[12]かかる重要な影響には、定性的な重要性（質的重要性）と定量的な

10）法令上は、重要な事項について虚偽の記載があり、または記載すべき重要な事項もしくは誤解を生じさせないために必要な重要な事項の記載が欠けている場合と規定される（金商法21条の2、24条の4等参照）が、本稿では、それぞれ単に虚偽記載、記載の欠缺または誤解を招く記載と表記する。

11）有価証券報告書に関する、刑事責任につき金商法197条1項1号、207条1項1号、課徴金責任につき同法172条の4第1項、民事責任につき、同法21条の2、24条の4参照。

12）神田秀樹＝黒沼悦郎＝松尾直彦編著『金融商品取引法コンメンタール4―不公正取引規制・課徴金・罰則』（商事法務、2011）573頁〔黒沼悦郎〕、東京地判平成20年6月13日民集66巻50号2064頁等。

重要性（量的重要性）があり[13]、その両面から判断されることとなる。たとえば、財務情報の虚偽記載における量的重要性は真実の数値と虚偽の数値との間の差額の大きさから判断することができる。一方で、質的重要性については必ずしも明らかではないものの、主要な財務項目であるか否かのほか、規制抵触回避、赤黒転換といった要素もその判断に含まれ得る。ESGに係る記載など、非財務情報の虚偽記載についても同様に質的・量的重要性の観点から検討すべきところ、開示項目の趣旨・背景・時々の社会的意義や個別の企業における位置づけ等を踏まえた当該開示項目の質的重要性という観点と、記載された内容と真実の状態との間に、投資判断の観点から有意な差が生じているかという量的重要性の観点からの判断が必要となると思われる。

ESG開示に関するものではないが、近時、非財務情報のうち「コーポレート・ガバナンスの状況等」に係る虚偽記載について、課徴金が課された事例が複数ある[14]。これまでは法執行の対象は、粉飾会計に起因する財務情報の虚偽記載が中心であったともいえるが、これらの事例からすると、非財務情報の虚偽記載に係る法執行の現実的な可能性は決して低くはないといえる。

⑵　法定開示書類にESG課題等の認識・取組みについて記載すべきか否かの判断基準

有価証券報告書等に何を記載すべきかについては、有価証券報告書等の各様式における記載上の注意に従うこととなる。環境（E）や社会（S）のとらえ方にもよるものの、有価証券報告書等の個別の開示項目の記載上の注意においては、明示的に環境（E）や社会（S）の記載を求める項目は現時点でほぼないといってよいが、「経営方針、経営環境及び対処すべき課題等」や「事業等のリスク」等、一義的に何を記載すべきかについては有価証券報告書等の提出会社において検討・判断がゆだねられている項目があり、ここでは、ESG課題等の認識や取組み等についての記載が求められる場合がある。

では、そういった項目において、どういった場合に記載すべきなのか。

13）中村聡ほか『金融商品取引法　資本市場と開示編〔第3版〕』（商事法務、2015）578頁以下。

14）2020年1月31日金融庁課徴金納付命令決定（https://www.fsa.go.jp/news/r1/shouken/20200131_3.html）、2020年2月28日金融庁課徴金納付命令決定（https://www.fsa.go.jp/news/r1/shouken/20200228_4.html）。

ア　ＥＳＧ課題・リスクの認識

ESG 課題・リスクについて、経営者が課題・リスクを認識しなかった（その結果として記載をしていなかった）ときに、（役員の善管注意義務違反の問題は措くとして）開示責任が問われ得るか。

「対処すべき課題」については、性質上、経営者が対処すべきと認識している課題を記載すべきということとなるが、金融庁が 2019 年 3 月 19 日に公表した「記述情報の開示に関する原則」（以下「本原則」という）II １－２の「(考え方)」において「優先的に対処すべき事業上及び財務上の課題は、事業を行う市場の構造的変化や、事業に与える影響が大きい法令・制度の改変など、経営成績等に重要な影響を与える可能性があると経営者が認識している事柄を説明するものである」〔傍線は筆者にて付記〕とされていることからして、経営者が現に認識していない課題が記載されていないことでただちに開示上の責任を発生させるものではないものと考えられる。

また、「事業等のリスク」についても、企業内容等の開示に関する内閣府令第二号様式記載上の注意㉛で「経営者が連結会社の財政状態、経営成績及びキャッシュ・フロー（……）の状況に重要な影響を与える可能性があると認識している主要なリスク（……）について、当該リスクが顕在化する可能性の程度や時期、当該リスクが顕在化した場合に連結会社の経営成績等の状況に与える影響の内容、当該リスクへの対応策を記載するなど、具体的に記載すること」〔傍線は筆者にて付記〕とされ[15]、金融庁パブリックコメント回答[16]においても「提出日現在において、経営者が企業の経営成績等の状況に重要な影響を与える可能性があると認識している主要なリスクについて、一般に合理的と考えられる範囲で具体的な説明がされていた場合、提出後に事情が変化したことをもって、虚偽記載の責任を問われるものではない」とされている。客観的には存在しているが、リスクがないと過信または軽信した場合に、それが記載すべき事実と評価され、記載していなかったことをもって記載の欠缺となるかは議論があるものの[17]、基本的には、経営者が合理的に検討を行って現に認識しているリスクについて

15）本原則でも、「経営者が認識している主要なリスク」を記載することが求められており、経営者の主観を反映すべきとされている。

16）金融庁「『企業内容等の開示に関する内閣府令の一部を改正する内閣府令（案）』に対するパブリックコメントの概要及びコメントに対する金融庁の考え方」（2019 年 1 月 31 日）5 頁 16 番。

17）鈴木克昌 = 波多野圭治 = 宮田俊 = 青山慎一「記述情報開示の充実に係る法的論点と実務対応」旬刊商事法務 2218 号（2019）38 頁。

記載している場合には、記載の欠缺とは評価されないといえる。その意味では、取締役会やサステナビリティ委員会において、基本的な経営方針・事業戦略を定立し、確固とした評価軸をもって、それに沿ったESG課題・リスクを抽出し、その評価を行うことがプロセス的な観点からは有用となってくる。

イ　重要性の判断

有価証券報告書等の「対処すべき課題」や「事業等のリスク」においては、経営者が認識するESG課題・リスクのすべてを記載すべきということではなく、重要なものについての記載が求められることとなる。

前記(1)のとおり、有価証券報告書等における「重要性」とは、投資者の投資判断に重要な影響を及ぼす場合をいう。しかし、たとえば、前記一の国際的なESG開示の基準は必ずしも、投資者の投資判断にとって重要か否かという観点から重要性をとらえているわけではない。たとえば、GRIスタンダードは、投資者以外を含むマルチステークホルダーにとっての重要性を基準としている。すなわち、GRI101：基礎1.3「マテリアリティ」では、①報告組織が経済、環境、社会に与える著しいインパクトを反映している項目、または②ステークホルダーの評価や意思決定に対して実質的な影響を及ぼす項目を記載すべきとしており、「投資者の投資判断」における重要性とは必ずしも一致しない。他方で、SASBスタンダードは、各産業において典型的に企業の経営成績や財務状態に影響を与えると考えられるESG課題のミニマム・セットを「投資者の関心」および「財務への影響」に関するエビデンスに基づいて開示項目・指標として定めており、どういった課題やリスクを検討すべきかについても含まれているため、粒度の問題はあるが、有価証券報告書等におけるESG要素の重要性の基準を考える上でも一定の参考になり得る。

(3)　有価証券報告書等に開示する場合の留意点

前記(1)のとおり、ESG課題やリスクの認識・取組みを、有価証券報告書等に記載するに当たっては、重要事項について虚偽記載がないことを確保することはもとより、記載の欠缺や誤解を招く記載がないよう注意する必要がある。

たとえば、前記2で挙げた各基準においては、その中で定義、用語、算定方法等が設けられているものの、各基準においてその定義は統一されているわけではなく、また、現状において一般的な理解が確立されているわけではない。

したがって、発行体がそうした基準で定められた定義等を有価証券報告書等において移植しまたは発行体による独自の定義等を利用する場合には、明確性や、発行体の現在と過去および発行体と他社との比較可能性等を踏まえて、投資者が正確に理解するために必要な説明を記載することが重要である。

たとえば、ESG課題への取組みの開示に当たり、プラスチック素材の削減率、有給取得率、女性幹部登用率などの実績値を記載する場合もあるが、算定方法（割合の計算については分子と分母、平均なのか中央値なのか等）や、各パラメーターの定義、前提条件については比較可能な程度に説明をすべきであり、また、すべての説明を行うことが困難な場合においても、一貫して合理的に説明可能な程度の根拠を有しておく必要がある。

さらに、目標数値や行動目標を記載する場合、事後的に当該目標が未達となったからといって、当該記載がただちに虚偽記載や誤解を招く記載となるわけではないが、当該記載の時点において、まったくの合理的な根拠のない目標を記載した場合には、真実は目標（その達成に向けた行動がとられることが意図された指標）ではないにもかかわらず、目標として記載している、または目標であると誤解させる記載をしているとして虚偽記載または誤解を招く記載に該当し得る。また、毎期同様の目標設定をしている場合において、現に、毎期未達になっているといった状況下においては、当該記載時点における記載の合理性に疑義が生じ得る。

また、前記**2**で挙げた各基準に準拠しまたは参考にするとしても、パフォーマンスのよい開示項目のみ取り出して開示する、パフォーマンスの悪くなった開示項目については開示を取りやめる、単位や縮尺を都合のよいように変更する、増加傾向という点を継続させるため、他の項目と合算した指標にすり替える、といった記載は誤解を招く記載となり得る点には留意が必要である。

5 さいごに

グリーンウォッシングとは、環境に配慮しているようにみせかけて誤認を誘うことをいうが、国際的にESG開示が広がる一方で、こうした行為が横行しているのではないかという懸念が出ており、それらを背景として、ESG開示の法制化や基準統一化の流れを形成している。

日本においても、気候変動関連情報を中心として法定開示書類等への記載を求める動きが出ているが、こうした懸念を踏まえ、法定開示書類で

ESG 課題・リスクの認識・取組みについて、記載を行わないことまたは行うことの意味についてあらためて検討していく必要がある。

第6章

ESGと資金調達①―SDGs債―

1 はじめに

(1) SDGs債とは

本章では、ESGに関連した資本市場での負債性資金調達について論じる。具体的には、グリーンボンド、ソーシャルボンドおよびサステナビリティボンドという以前から活用されているESG関連商品に加えて、比較的新しい金融手法として注目されるサステナビリティ・リンク・ボンドとトランジション・ボンドについても概観する。日本証券業協会はこれらの金融商品を「SDGs債」と総称しており[1]、本章においてもこの呼称を用いる[2]。

わが国においては、2017年以降、SDGs債の発行が急拡大している。この背景には、市場関係者の熱心な普及活動に加えて、国内外における各種ガイドライン等の策定によってSDGs債の透明性が向上し、投資家が安心して投資できる市場が整備されたことや、環境省がグリーンボンド等発行促進体制整備支援事業[3]を立ち上げ、SDGs債の発行に要する費用の一部を支援していることが寄与していると考えられる。

1）ただし、SDGs債という呼称は海外市場では異なる意味で用いられる場合もあるため、留意を要する（ICMA "Guidance Handbook" 1.13参照）。
2）なお、SDGs債は、地方公共団体や事業そのものがSDGsに貢献する機関の発行も多数存在するが、本章では、主として一般事業会社による起債を念頭に置きながら論じることとする。J-REITによるグリーンボンドやグリーンエクイティの発行については、後記第11章を参照されたい。
3）詳細は、環境省が運営するウェブサイト「グリーンファイナンスポータル」で確認できる。

【日本国内で公募されたSDGs債の発行額・発行件数の推移】

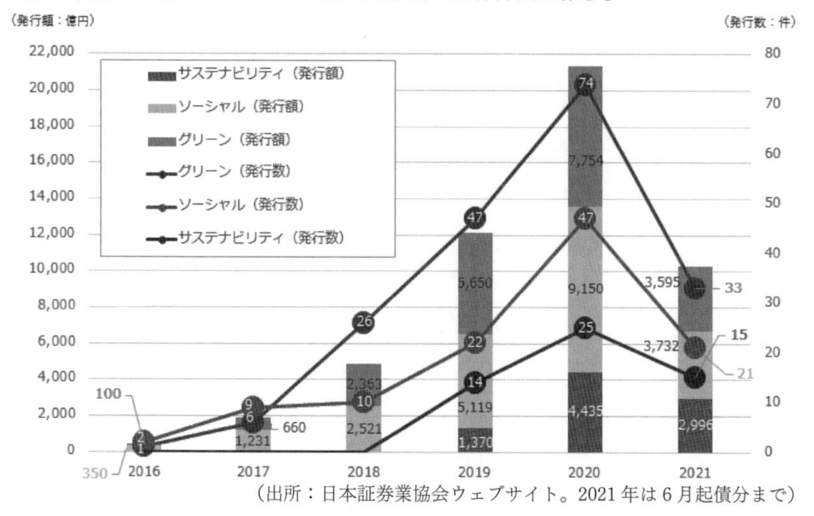

（出所：日本証券業協会ウェブサイト。2021年は6月起債分まで）

⑵　なぜ発行するのか

事業会社がSDGs債を発行するメリットは、主として以下の点にある。

ア　社会的支持の獲得

2015年12月に国際気候変動枠組条約第21回締約国会議で採択された「パリ協定」では、世界共通の長期目標として、産業革命以前からの世界全体の平均気温上昇を2℃以下に保持し、1.5℃に抑える努力を継続すること（いわゆるパリ目標）が謳われた。また、同年9月の国連サミットで採択された「持続可能な開発のための2030アジェンダ」において「持続可能な開発目標（SDGs）」が採択され、17の目標に向けて各国が施策を講じていくことが確認された。

これらを背景に、ESGやSDGsへの注目が世界的な高まりを見せた。わが国においても、政府は、2050年カーボンニュートラルを宣言し、再生可能エネルギー等（グリーン）に加えて、省エネ等の着実な低炭素化の取組等の脱炭素への移行（トランジション）、脱炭素化に向けた革新的技術（イノベーション）へのファイナンスが必要であると述べている[4]。このような状況下において、SDGs債の発行体は、その推進に積極的な姿勢を示すことで、社会的な支持の獲得が期待できる。

4）2021年6月18日内閣官房等「2050年カーボンニュートラルに伴うグリーン成長戦略」11頁。

イ　投資家層の拡大

SDGs債の発行を通じて、ESGやSDGsに関心の高い投資家からの需要を呼び込むことが期待でき、投資家層の多様化につながる可能性がある。かかる投資家層の多様化は、発行体の資金調達基盤の強化に資する。

ウ　サステナビリティ経営の高度化

後述するように、SDGs債の発行は全社的なプロジェクトになるため、その取組みを通じて組織内のサステナビリティに関する戦略、リスクマネジメント、組織体制の整備が促進される。また、それがTCFD等のESG情報開示の実現にも追い風となり、かかる一連の取組みが発行体の中長期的なESG評価の向上につながることで、企業価値そのものの向上にも資する可能性がある。

⑶　なぜ投資するのか

これに対し、投資家がSDGs債に投資するメリットとしては、主に以下のポイントが考えられる。

ア　社会的支持の獲得

2006年に国連で公表された責任投資原則（PRI）は、機関投資家による投資の意思決定プロセスにESGに関する視点を反映させることを目的として起草された考え方であり、投資分析と意思決定プロセスにESGの課題を組み込むことなど6つの原則から構成されている。これに賛同する機関投資家は、署名した上で年次の活動報告義務等を果たすことによって投資先企業や一般市民に対してその姿勢を示すことができる。現在、署名機関の数は世界で4,000を超え、日本からは100に達しようとしているが、これに賛同する機関投資家にとって、SDGs債は、自らのコミットメントに合致する金融商品として有力な投資対象となる。また、このようなコミットを行っていない投資家にあっても、SDGs債へ投資することで、安定的なキャッシュフローを得ながら、プロジェクトへ積極的に資金を供給して支援していることをアピールでき、これを通じて社会的な支持の獲得が期待できる。なお、SDGs債の場合、発行体のホームページにおいて、投資表明をした投資家の名称が公表されることも少なくない。

イ　オルタナティブ投資によるリスク分散

プロジェクト債券として発行されるSDGs債については、株式や一般の債券等との価格連動性が低いオルタナティブ投資の性質を有する。このため、分散投資によるリスク低減を考える投資家にとって、SDGs債への投資は有効な手段となりうる。

ウ　中長期的に安定したリターンを実現できる可能性

年金積立金管理運用独立行政法人（GPIF）と世界銀行グループとの共同研究において、債券投資にESGの要素を統合することが安定した経済的利益の実現に資することが示されている。[5)]

2 SDGs債に関するガイドライン等

現在、SDGs債について、その規準や要件を定めた世界共通のルールは存在していない（なお、後述するように、欧州委員会においては欧州グリーンボンド原則を規則として定める準備が進められている）。

厳格な法規制の不存在がSDGs債の開発・普及・拡大に寄与したという側面がある一方で、「グリーン」などとラベリングされた債券がその名称に値する性質や品質を有している（いわゆる「ウォッシュ」の疑いがない）と投資家が信頼して購入できるためには、統一的な規準が求められるところでもある。

その中において、SDGs債の発行枠組みの整備に対してもっとも強い影響を及ぼしているのは、国際資本市場協会（International Capital Market Association、以下「ICMA」という。）である。ICMAは、2014年に初めてグリーンボンド原則（Green Bond Principles、以下「ICMA GBP」という。）を策定したことを皮切りに、ソーシャルボンド原則（Social Bond Principles、以下「ICMA SBP」という。）およびサステナビリティボンドガイドライン（Sustainability Bond Guidelines、以下「ICMA SBG」という。）を順次策定・公表している。これらの原則やガイドラインは、市場参加者が自主的に作成した手引書という位置づけでありながら、市場において広く認知・依拠されている。ICMAはまた、サステナビリティ・リンク・ボンド原則（Sustainability-Linked Bond Principles、以下「ICMA SLBP」という。）やクライメート・トランジション・ファイナンス・ハンドブック（Climate Transition Finance Handbook、以下「ICMA CTF Handbookという。」なども策定することで、新しい金融手法や考え方の普及・促進の面でも大きく貢献している。

5）世界銀行グループ「債券投資への環境・社会・ガバナンス（ESG）要素の統合」（2018年4月）

＜ICMA の策定する原則等＞

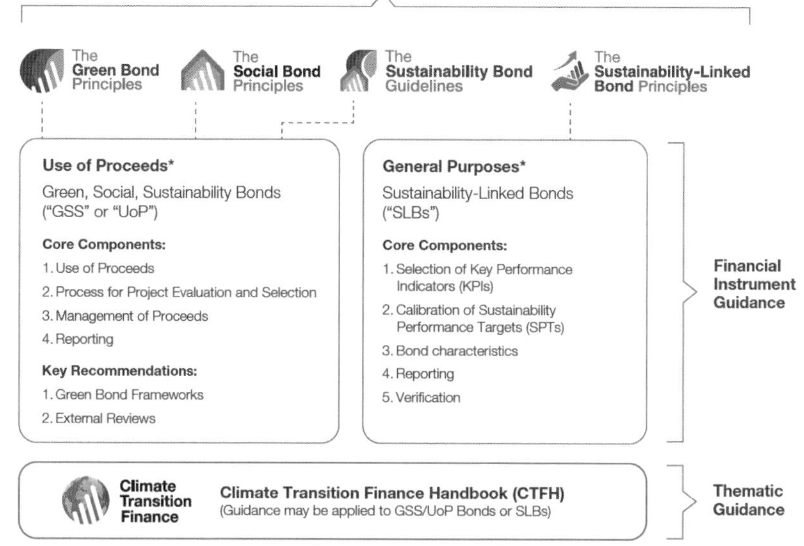

（出所：ICMA "Guidance Handbook"）

日本においても、SDGs 債の要件等は法定されておらず、金融庁、環境省および経済産業省が、それぞれまたは共同で各種のガイドライン等を策定・公表している。これらのガイドライン等は、世界的な規準の統一性を維持するという観点から、先行する ICMA の原則等との整合性に配慮した内容となっているが、わが国における市場の成熟度や抱える課題の特徴等を勘案した工夫もなされている。具体的には、環境省によるグリーンボンド・ガイドライン（以下「環境省 GBG」という。）、金融庁によるソーシャルボンド・ガイドライン（以下「金融庁 SBG」という。）、金融庁・経済産業省・環境省によるクライメート・トランジション・ファイナンスに関する基本指針（以下「CTF 基本指針」という。）などが策定されている。

ICMA や国内当局の定めるこれらの原則等に法的拘束力はない。したがって、発行後に違反が生じた場合でも債券が債務不履行に陥ることはなく[6]、罰則等も存在しない。しかし、透明性や画一性が求められる資本市場においては、広く普及した原則等に依拠しない内容や方法で債券を発行し

6）ICMA "Guidance Handbook" 1.8 参照

ようとすることはチャレンジングであり、発行後に違反が発覚した場合にはレピュテーション上の重大な問題が生じるおそれもある。日本企業がSDGs債を発行する際には、ICMAの原則等と国内のガイドライン等の両方への適合性を考慮しながら発行フレームワークの策定や個別の起債が行われるのが、一般的なプラクティスとなっている。以下では、SDGs債の各商品について、かかる原則等の内容を概観した上で、発行に際しての留意事項等を論じたい。

【原則・ガイドライン等の対照表】

債券の分類	国際資本市場協会	日本
グリーンボンド	ICMA GBP	環境省 GBG
ソーシャルボンド	ICMA SBP	金融庁 SBG
サステナビリティボンド	ICMA SBG	（環境省 GBG／金融庁 SBG）[7]
サステナビリティ・リンク・ボンド	ICMA SLBP	―
トランジション・ボンド	ICMA CTF Handbook	CTF 基本指針

3 旧来型のSDGs債

(1) グリーンボンド

ア 特徴

グリーンボンドとは、一般に、環境改善効果のある事業（グリーンプロジェクト）に充当する資金を調達するために発行する債券をいう。世界初のグリーンボンドは欧州投資銀行が2007年に発行したClimate Awareness Bondであるとされているが、2014年1月にICMA GBPが策定されて考え方が整理されたことなどを背景に、近年その起債が急激に拡大している。

イ 充足すべき要素と推奨事項

ICMA GBPおよび環境省GBGの下で、グリーンボンドは以下の4要素

7）環境省GBGは、グリーン性のあるサステナビリティボンドには環境省GBGが、ソーシャル性のあるサステナビリティボンドには金融庁SBGが、それぞれ適宜読み替えて適用される。

で構成される。また、ICMA GBPには、2021年6月の改定により2つの主要な推奨事項（Key Recommendations）が追加された[8)]。

① 調達資金の使途

まず、調達資金が明確な環境改善効果のある「グリーンプロジェクト」に充当されるものであることが最大のポイントとなる。そして、それが債券に係る法定書類に適切に記載されるべきであるとされている。ただし、あくまで調達資金がグリーンプロジェクトに充当されれば足り、具体的な環境改善効果の達成が求められるものではない。

ICMA GBPおよび環境省GBGには、適格プロジェクトの代表的なカテゴリーとして、再生可能エネルギー、省エネルギー、汚染の防止および管理、自然資源および土地利用の持続可能な管理、水陸における生物多様性の保全、クリーン輸送、持続可能な水資源管理、気候変動への適応、環境に配慮した製品・製造技術および製造プロセス、グリーンビルディングが列挙されている。

② プロジェクトの評価・選定プロセス

次に、発行体は、以下の点を投資家に対して明示すべきであるとされている。

- 環境面での持続可能性に係る目標
- 当該プロジェクトが①の適格プロジェクトに該当すると判断した（する）プロセス
- 当該プロジェクトに関連する潜在的で重大なリスクを特定および管理するための除外規準その他のプロセスを含む、関連する適切性の規準

③ 調達資金の管理

また、グリーンボンドの発行による調達資金は、発行体が適切な方法によって追跡し、発行体の投融資業務に係る内部プロセスにおいて証明されるべきであるとされている。さらに、グリーンボンドが残存する限り、調達資金の残高がグリーンプロジェクトへの充当額と整合するよう定期的に調整し、発行体は、充当前の調達資金の残高の一時的な運用方法を投資家に知らせるべきであるともされている。

④ レポーティング

その上で、発行体は、すべての調達資金が充当されるまでは毎年、またその後は重要な進展があった場合に、資金使途に関する最新情報を報告す

8）なお、本稿執筆時点において環境省GBGは2020年版が最新版であるが、2021年度中に改訂が行われる見込みである（内閣官房等・前掲（注4）11頁）。

べきであるとされている。そこには、調達資金が充当されたプロジェクトの一覧、その概要、充当額および期待される効果が含まれる。

また、期待される効果を透明性を持って伝えるために、定性的なパフォーマンス指標をベースに、可能な場合には、受益者の数等の定量的な指標も併せて使用することが奨励されている。さらに、実際に実現した効果のモニタリングが可能であれば、その効果も定期的な報告に含めることが推奨される。

そして、ICMA GBPの定める主要な推奨事項の1点目は、グリーンボンド・フレームワークの策定・公表である。グリーンボンド・フレームワークは、グリーンボンドの発行に関する発行体の包括的な枠組みであり、自社のサステナビリティ戦略全般について関連する情報をそこに要約して投資家に示すことで、サステナビリティの推進に向けてコミットする姿勢などについて透明性を高めることが期待されている。

主要な推奨事項の2点目は、外部機関によるレビューの取得である。当該レビューでは、発行するグリーンボンドやグリーンボンド・フレームワークが前述の4要素を充足していることを確認する。レビューには、コンサルティング、検証、認証、レーティングが含まれ、発行体は取得した意見書（セカンドパーティ・オピニオン）をホームページ等で公表することが一般的となっている。

ウ　日本における発行状況

日本法人によるグリーンボンドの発行は、日本政策投資銀行が2014年に実施したユーロ建て債券の起債が第1号であったとされているが、近年は発行が相次いでおり、発行サイドおよび投資サイドの両側面から、資本市場における金融商品の1つとして定着したといえる（反面、発行するだけで注目を集めるという「目新しさ」は失われつつある）。

発行体としては、金融、エネルギー、建設・不動産、交通・運輸、製造業など、グリーンプロジェクトに親和性の高いセクターの法人が太宗を占めていることがうかがわれる。より多様な業種においてもパリ目標の達成に向けた取組みが不可欠であることから、SDGs債の裾野を拡大する必要性が感じられる。

⑵　ソーシャルボンド

ア　特徴

従来、SDGs債またはESG投資という文脈では、その分かりやすさから、E（環境）の視点でグリーンボンドが主として取り上げられてきたように思われる。しかし、新型コロナウイルスの感染拡大に伴い、従業員の健康・安全や雇用の維持、顧客の安全確保、社会全体としての経済的弱者の保護など、S（社会）の側面からの課題が急浮上しており、ソーシャルボンドへの注目も高まっている。

一般に、ソーシャルボンドとは、社会的課題の解決に貢献する事業（ソーシャルプロジェクト）に資金使途を限定した債券をいう[9)]。世界初のソーシャルボンドは、2006年に国際金融ファシリティが予防接種プログラムの資金調達ために発行したワクチン債であるとされる。その後、2016年にICMA SBPが策定・公表されたことによって、その発行が世界的に活発化した。

イ　充足すべき要素と推奨事項

ICMA SBPおよび金融庁SBGにおいて、ソーシャルボンドは、核となる以下の4要素に適合していることが求められる。また、グリーンボンドと同様に、ICMA SBPには2021年6月の改定により2つの主要な推奨事項（Key Recommendations）が追加されている。

①　調達資金の使途

ソーシャルボンドにおいては、その調達資金がソーシャルプロジェクトのために使われるものであることが最も肝要である。ソーシャルプロジェクトとは、特定の社会的課題への対処や軽減を目指す事業等をいい、一定の対象者または社会全体に有益な成果の達成を追求するものである。ICMA SBPおよび金融庁SBGでは、たとえば、以下の取組みを促進する事業がソーシャルプロジェクトに含まれるとされている[10)]。

・手ごろな価格の基本的インフラ設備（例：クリーンな飲料水、下水道、衛生設備、輸送機関、エネルギー、防災・減災対策、老朽化対策）
・必要不可欠なサービスへのアクセス（例：健康、教育及び職業訓練、健康管理、資金調達と金融サービス、子育て支援、介護支援、高齢者福祉）
・手ごろな価格の住宅
・雇用創出（例：地方創生・地域活性化）
・食糧の安全保障及び持続可能な食糧システム（例：安全で栄養価の高い十分な食糧への物理的・社会的・経済的アクセス）
・社会経済的向上とエンパワーメント（例：資産・サービス・資源・機会

9）ソーシャルボンドは「社会貢献債」と訳されることもある。
10）金融庁SBGでは、わが国がいわゆる先進国課題を多く抱えているという状況に則して、ICMA SBPにはない事業細目を例示しており、本文中で下線を付した項目がこれに相当する。

への平等なアクセスとコントロール、所得の不平等の縮小を含む市場及び社会への平等な参加と融合）

また、ICMA SBP および金融庁 SBG においてソーシャルプロジェクトの対象者として例示されているのは、(i)貧困ライン以下で暮らしている人々、(ii)排除され、あるいは社会から取り残されている人々、あるいはコミュニティ、(iii)障がい者、(iv)移民や難民、(v)十分な教育を受けていない人々、(vi)十分な行政サービスを受けられない人々、(vii)失業者、(viii)女性および性的マイノリティ、(ix)高齢者および脆弱な若者、(x)自然災害の罹災者を含むその他の弱者グループ、である。

ICMA SBP および金融庁 SBG は、ソーシャルプロジェクトは証券発行に係る法定書類に適切に記載されるべきであると定めている。わが国の公募案件では、有価証券届出書等の「手取金の使途」および「募集又は売出しに関する特別記載事項」においてこれを詳述することがプラクティスとなっている。

②　プロジェクトの評価・選定プロセス

次に、発行体は、以下の点を投資家に対して明確に伝えるべきであるとされている。

- 社会的な目標
- 当該プロジェクトが①の適格なソーシャルプロジェクトに該当すると判断した（する）プロセス
- 当該プロジェクトに関連する潜在的な重大な社会的・環境的リスクを特定および制御するための排除規準その他のプロセスを含む、関連する適格性の規準

③　調達資金の管理

グリーンボンドと同様に、ソーシャルボンドの発行による手取金の全額は、適切な方法により発行体が追跡し、投融資業務に関連する内部プロセスにおいて証明されるべきであるとされている。また、償還までの間、調達資金の残高がソーシャルプロジェクトへの充当額と整合するよう定期的に調整し、発行体は、未充当資金の残高の一時的な運用方法を投資家に知らせるべきであるとも定められている。

④　レポーティング

ソーシャルボンドの発行体は、すべての調達資金が充当されるまでは毎年１回、またその後は重要な進展があった場合に随時、資金使途に関する最新情報を開示すべきであるとされている。そこには、調達資金が充当されたプロジェクトの一覧、その概要、充当額および期待される効果が含ま

れる。この点もグリーンボンドと同様である。

そして、ICMA SBP は、主要な推奨事項として、ソーシャルボンド・フレームワークの策定・公表と外部機関によるレビューの取得を定めている。これらの具体的な内容は、ICMA GBP と同様である。

ウ　日本における発行状況

わが国一般事業会社としてソーシャルボンドを発行したのは、ANA ホールディングスであるとされる。そこでの調達資金は、障がい者等のアクセシビリティ向上を目的としたウェブサイトの改修や空港施設・設備の改修および従業員へのユニバーサル対応のための事業所施設・設備の改修といった、社会課題解決のためのプロジェクトの設備投資資金に充当された。このほかにも、医薬系や地方銀行による発行事例もみられ、また、東京大学による大学債は、国立大学法人として初めてのソーシャルボンドとして注目された[11]。

グリーンボンドの発行目的および調達資金の使途が環境改善という分かりやすいものであるのに対し、ソーシャルボンドにおける社会的課題解決という発行目的は、抽象的かつ広範であるためイメージが湧きにくい。また、民間企業は、事業活動を行う上で健全な利益の追求を考慮する必要があるため、社会的課題の解決に貢献する取組みの内容や規模等には、財政資金も利用できる公的セクターとは自ずと違いがある。しかし、SDGs 達成のためには民間資金の活用は不可欠であり、金融庁 SBG が定められたことによってソーシャルボンド発行の裾野がさらに拡大することが期待されるところである。

(3) サステナビリティボンド

ア　特徴

サステナビリティボンドとは、調達資金全てがグリーンプロジェクトやソーシャルプロジェクトの初期投資またはリファイナンスのみに充当され、かつ、ICMA GBP と ICMA SBP の両方の核となる４要素に適合する債券である。グリーンプロジェクトが副次的目的として社会面での便益を有する場合や、ソーシャルプロジェクトが環境面での便益を兼ね備える場合もあるため、グリーンボンド、ソーシャルボンド、サステナビリティボンド

11）その調達資金は、同大学が策定したフレームワークに基づき、東京大学 FSI 事業として特定された最先端大型研究設備（ハイパーカミオカンデ等）の整備およびウィズコロナ・ポストコロナ社会におけるキャンパス整備に係る資金に充当された。

は明確に区別されるものではなく、その分類は資金使途となるプロジェクトの主な目的に基づいて発行体が決するものとなる。

イ　充足すべき要素と推奨事項

上記のとおり、サステナビリティボンドは、ICMA GBP とICMA SBPの核となる4要素、すなわち、①調達資金の使途、②プロジェクトの評価・選定プロセス、③調達資金の管理および④レポーティングに適合する必要がある。

なお、2021年6月には、ICMA GBPおよびICMA SBPと合わせてICMA SBGも改定されており、2つの主要な推奨事項はサステナビリティボンドの発行にも当てはまる。

ウ　日本における発行状況

これまでのわが国における発行事例をみる限り、サステナビリティボンドは、グリーン性とソーシャル性を兼ね備えるという特徴に親和性のある建設・不動産セクターの発行体や、特定の不動産の建設を資金使途とするケースでの起債が目立つ。次いで、交通・運輸セクターの事業法人による発行が多い。

近時では、個人向けのサステナビリティボンドを発行する事業会社も出現しており、販売に際しては、個人投資家が一般的な社債との相違を十分に理解するよう説明を尽くすことが求められる。

4 拡張型のSDGs債

(1)　サステナビリティ・リンク・ボンド

ア　特徴

サステナビリティ・リンク・ボンド（以下「SLB」という。）とは、発行体があらかじめ定めたサステナビリティまたはESGに関する目標の達成度に応じて、財務上またはストラクチャー上の特性となる要素（たとえばクーポン）が変化する債券と定義される。

SLBは、その調達資金の使途には制約がないことから、一般事業資金等にこれを充当することができる[12]。この点において、SLBは、調達資金の使途を起債時に限定しなければならないグリーンボンドやサステナビリティボンドと大きく異なり、手取金を柔軟に活用できるというメリットが

12）なお、資金使途を特定の適格プロジェクトに限定した上で、SLBとして発行することも妨げられるものではない（たとえば「サステナビリティ・リンク・グリーンボンド」として発行する例もある）。

ある。

イ　充足すべき要素と推奨事項

ICMA SLBPでは、SLBは以下の5つの要素に適合する必要があるとされている。

①　KPIの選定

発行体のサステナビリティおよび事業に関わる戦略に対して、重要であり、かつ関連するESGの課題に取り組む上での指標（Key Performance Indicators、以下「KPI」という。）を1つ以上選定する。KPIは、一貫した方法に基づいて測定・数量化でき、かつ外部から検証可能であるべきであるとされている。

②　SPTsの設定

次に、KPIごとの達成目標（Sustainability Performance Targets、以下「SPTs」という。）を設定する。SPTsは、関連するKPIが通常の事業の範囲を超えて大きく改善したことを示すものであって、ベンチマークまたは参照可能な外部指標と比較できるもので、起債前に設定された所定の時間軸で判定されるなど、野心的なものであるべきとされている。SPTsを設定する際には、目標達成に関するタイムラインと、ベースライン（基準値）・指標およびそれらが採用された理由などについて説明すべきとされる。

③　債券の特性となる要素

SLBは、SPTsを達成したか否かによって、財務上またはストラクチャー上の特性となる要素に差異が生じる商品として設計される。この特性となる要素は、KPIおよびSPTsと共に、債券に係るドキュメンテーション上の必須の要素であるとされている。

④　レポーティング

SLBの発行体は、KPIのパフォーマンスに関する最新状況や、SPTsの達成状況などを示す検証レポートを、公表するとともに容易にアクセスできる場所に入手可能な状態にしておく必要がある。このレポーティングは、少なくとも年に1回は行い、また③の特性となる要素における変更が発動されるようなSPTsの達成状況が見通される場合にも行うべきであるとされている。

⑤　検証

SLBの発行体は、SPTsの達成状況について、外部機関による独立した検証を受けるべきであるとされている。この検証は、少なくとも年に1回は行い、また③の特性となる要素における変更が発動されるようなSPTs

の達成状況が見通される場合にも行うべきであるとされており、SPTsの達成の最終判定日に達するまで実施される。

なお、グリーンボンドの場合と同様、ICMA SLBPにおいても、発行しようとする債券が5つの要素に適合していることを確認するため、外部機関によるレビュー（いわゆるセカンドパーティ・オピニオン）を得ることが推奨されている。

ウ　日本における発行状況

わが国におけるSLBの発行事例は、2020年のヒューリックによる発行以来、徐々に積み重なりつつある。それらの事例において、上記イ③の特性となる要素としては、SPTsが達成されなかった場合に、達成した場合と比べて利率が高くなるものや一定額のプレミアムが社債権者に対して支払われるもののほか、発行体の裁量による期限前償還が可能となるものがある。

SLBが開発された当初は、SPTs未達の場合には利率が上がるという商品設計が典型例として想定されていた。しかし、このような設計の場合、サステナビリティに関する目標を発行体が達成できなかった反作用として社債権者が利益を享受することになるため、その点の適切性について主に道義的観点から疑問視する声がある。この点、近時では、環境・社会に対してポジティブなインパクトを創出することを目的として活動を行っている法人・団体等に一定額を寄付すると定める事例もみられるようになっており、今後の発行においても参考にされよう。

⑵　トランジション・ボンド

ア　位置づけ

グリーンボンドやSLBがパリ協定の実現のために大きく寄与していくことは疑いないところではあるが、同時に、世界全体でGHG排出量を着実に削減していくためには資本市場が巨額の資金を掘り起こす必要がある。そのような観点からは、GHG排出量が多く、気候関連の課題が複雑に入り組んでいるなど、排出削減が容易ではないセクターにおける低炭素化の取組みを通じて、脱炭素への移行（トランジション）を図っていくことも重要となる。

そこで、気候変動への対策を検討している企業が、脱炭素社会の実現に向けて長期的な戦略に則った温室効果ガス削減の取組みを行っている場合、その取組みを支援することを目的とした金融手法が求められる。かかる金融手法をトランジション・ファイナンスといい、債券発行の形式で実施するものをトランジション・ボンドと称する。

ICMA は、資金使途を特定するトランジション・ボンドは ICMA GBP／SBP／SBG に整合する形式で、また、資金使途を特定しない場合には ICMA SLBP に整合する形式で、それぞれ発行するものであるとしており、その上で、トランジション・ボンドとしての重要な推奨開示要素を示している。このように、トランジション・ボンドの適合性は、グリーンボンドや SLB のように調達資金の充当対象のみでは判断されず、発行者の戦略や実践に対する信頼性を重ね合わせて判断されるものである。そのため、トランジション・ボンドとグリーンボンドや SLB は相互に排他的な概念ではなく、発行者に求められている４要素を満たしていれば、グリーンボンドや SLB もトランジション・ボンドの一種となる。

【トランジション・ファイナンスの位置づけ】

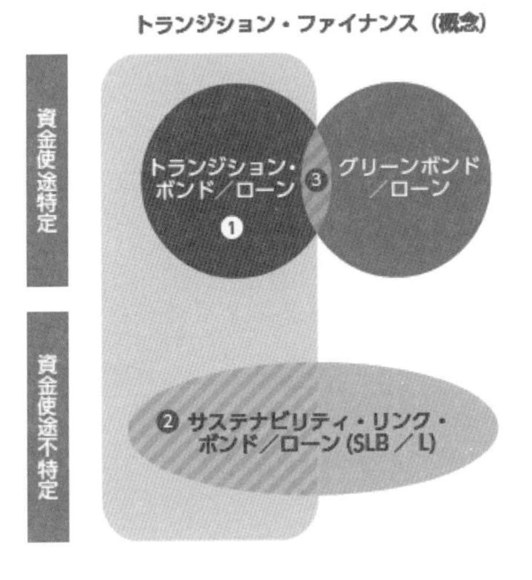

「トランジション」ラベルの対象

①トランジションの4要素を満たし、資金使途を特定したボンド/ローン(資金使途がグリーンプロジェクト(※) には当たらないが、プロセス等は既存の原則、ガイドラインに従う)

②トランジションの4要素を満たし、トランジション戦略に沿った目標設定を行い、その達成に応じて借入条件等が変動する資金使途不特定のボンド/ローン(プロセス等は既存の原則、ガイドラインに従う)

③トランジションの4要素を満たし、既存のグリーンボンド原則、グリーンボンドガイドラインに沿ったもの(資金使途がグリーンプロジェクト(※)に当たるもの)

※ グリーンプロジェクト：既存のグリーンボンドガイドラインにグリーンプロジェクトとして例示あるもの、また発行実績のあるもの

上記①～③に限らず、トランジション要素を満たす金融商品はトランジション・ファイナンスとなり得る(ただし、準拠する原則等がないためここでは取り上げてない)。

（出所：CTF 基本指針）

イ　充足すべき要素と推奨事項

ICMA CTF Handbook においては、トランジション・ボンドの発行に際して、その位置づけを信頼性のあるものとするために推奨される重要な開示要素として、以下の４要素が示されている。

①　発行体のクライメート・トランジション戦略とガバナンス

具体的には、パリ協定の目標と整合する長期目標、それに向けた中期目標、脱炭素化に向けた方策と長期目標に向けた戦略的計画、その監視・評価の組織体制などの開示が推奨される。

② ビジネスモデルにおける環境面のマテリアリティ

①で掲げた戦略的計画が、発行体の事業活動において環境面で重要な部分に関わるものであることを開示すべきとされる。

③ 科学的根拠のあるクライメート・トランジション戦略（目標と経路を含む）

ここでは、パリ協定と整合する短期・中期・長期のGHG排出削減目標を、広く認知されたシナリオや手法を使用して設定することが求められている。

④ 実施の透明性

トランジション戦略を実行する上での基本的な投資計画について、設備投資だけでなく、業務費・運営費も開示することが推奨される。

ウ 日本における発行状況

2021年7月、日本郵船株式会社は、日本初となるトランジション・ボンドの発行を決定・公表した。その調達資金は、エネルギー分野における事業タイムライン（ロードマップ）で予定する投資に充当するものとされている。発行に際して、同社の策定した「グリーン／トランジションボンド・フレームワーク」は、独立した外部機関であるDNVビジネス・アシュアランス・ジャパンにより、ICMA CTF HandbookやCTF基本指針との適合性に関するセカンドパーティ・オピニオンを取得した。なお、このトランジション・ボンド発行は、経済産業省によりトランジション・ファイナンスのモデル事業に認定されている。

5 実務上の留意事項

(1) 発行時

ア 金融商品取引法等に従い適切な開示を行うこと

金融商品取引法上、有価証券届出書、発行登録書、訂正発行登録書および発行登録追補書類ならびに目論見書の中に、重要な事項について虚偽の記載があり、または記載すべき重要な事項もしくは誤解を生じさせないために必要な重要な事実の記載が欠けているとき、その提出者または使用者は、有価証券を取得した者に対する損害賠償責任を負う（金融商品取引法17条・18条1項・23条の12第5項）。

SDGs債の公募に際しては、発行体の策定したフレームワークの内容を有価証券届出書等の「募集又は売出しに関する特別記載事項」の項目に記載して開示することが一般的となっている。かかるフレームワークには将来に関わる事項も含まれることから、それが確定的な内容であると投資家を誤解させることがないよう、明確な記述が求められる。

イ　全社的なプロジェクトになること

SDGs債以外の通常の起債であれば、財務担当部署が証券会社と協議しながら開示書類や引受審査書類を準備し、淡々と調達を完了するケースが多いと思われる。これに対して、SDGs債の発行を検討する際には、財務担当部署に加えて、適格プロジェクトを企画・検討・推進する事業部門や、起債後の定期的なレポーティングを担うIR部門などのコミットが欠かせない。また、フレームワークの策定は企業の経営戦略・事業戦略と密接に関わる作業であることから、初めてSDGs債を発行しようとする場合は、経営陣の強いイニシアチブの下での全社的な取組みが求められる。

ウ　準備に時間を要すること

SDGs債の発行においては、フレームワークの策定やプロジェクトの評価や選定というプロセスがあり、これと並行して、適正な評価を得るために外部機関との協議を行うことが事実上必須となるため、通常の起債に比して準備に要する期間は長くなる傾向にある。

⑵　発行後

SDGs債の発行体は、起債後も調達資金の追跡管理を行うとともに、環境改善効果を含む事項についてレポーティングを行う必要がある。また、その際にも外部機関のレビューを受けることも求められる。

具体的には、発行体のホームページにおいて、調達資金の充当状況や実現した環境改善効果について、レビュー結果とともに公表することが一般的である。外貨建て発行等により海外投資家から調達を実施した場合には、英語による報告も必須となろう。また、環境改善効果が現れるまでに要する時間が債券の償還期間を超える場合には、適切なレポーティングという観点からは、償還後も定期的な報告を行うことが望まれる。

なお、かかるレポーティングの開示内容に誤りがあった場合、ホームページ上の記載は金融商品取引法に基づく法定責任の対象外ではあるものの、速やかに訂正することが適切な対応となる。その際、社債権者である投資家にとって訂正内容のインパクトが小さくないケースでは、ホームページ上で訂正を公表することに加えて、発行時の引受証券会社等を通じて個別の投資家への説明を実施することも、発行体に対する市場からの信頼性の維持という観点から有用である。

6 今後の見通し

欧州委員会（European Commission、以下「EC」という。）では、持続可能な金融に関するハイレベル専門家グループ（High-Level Expert Group on Sustainable Finance）が2018年1月に公表した最終報告書の中で、EUグリーンボンド基準（EU Green Bond Standard、以下「EU GBS」という。）を公表すべきであると述べ、具体案を示していた。そして、2021年7月にECから公表されたEU GBSの規則案は、債券発行による調達資金がEUタクソノミーに適合するプロジェクトに充当されることや、規則の遵守等について欧州の証券市場監督当局に登録された外部機関による外部評価を得ることなどを要件として定めており、ICMA GBPや環境省GBGと比べて厳格な内容となっている。

一般に、「タクソノミー」とは仕分け基準を意味する言葉である。サステナブルファイナンスを謳う金融商品が増え、その信頼性が問われる中で、環境改善効果等を個々の投資家がプロジェクトごとに測定することは多額のコストを要するため現実的ではない。そこで、ECは、資金の充当先として妥当な産業分野や事業内容を閾値とともに「EUタクソノミー」としてあらかじめ決めておくことによって、かかるコストの圧縮を実現しようとするものである。

現在のところ、EU GBSは欧州においても強制適用されるものではなく、あくまで発行会社が任意に準拠できる基準となる見通しではあるが、厳しい基準を設けることには疑問の声も挙がっている。また、欧州においてタクソノミー策定の動きが前進することに対して、日本では慎重な反応が見られる[13)]。日本企業によるESG・SDGsの推進・実現のための資金調達を推進し、透明性・信頼性を高めながら海外投資家からの投資を促進するためには、資本市場における当局の適切な舵取りが今後も求められる。

13）2021年6月18日付金融庁「サステナブルファイナンス有識者会議 報告書 持続可能な社会を支える金融システムの構築」7頁。また、金融庁チーフ・サステナブルファイナンス・オフィサーの池田賢志氏には「個々の活動について、これはサステナブルだ、これは違うと決めることがどれほどの意味があるのかという面もあろうかと思います」との発言もある（池田賢志「サステナブルファイナンスを巡る国際的な議論の展望と日本の金融機関に求められること」（月刊資本市場2021年7月号・25頁））。

第7章
ESGと資金調達②
—グリーンローンとサステナビリティ・リンク・ローン—

1 はじめに

近年では、国内外において、銀行融資を中心とする間接金融の領域においても、ESG要素（非財務情報）を取り込む動きが急速に存在感を増している。本邦では、企業金融において伝統的に間接金融が中心的な役割を果たしており、サステナブルファイナンスの推進に当たっては、銀行をはじめとする民間金融機関による取組みの加速が期待されている。本章では、そうした間接金融におけるサステナブルファイナンスの代表的な手法として、グリーンローンとサステナビリティ・リンク・ローンについて解説する。

ここで、グリーンローンとは、再生可能エネルギー発電所の建設といった環境面の課題解決を目的とするプロジェクト（グリーンプロジェクト）に資金使途が限定されたローンを指す。また、サステナビリティ・リンク・ローン（SLL）は、温室効果ガスの排出量削減といったサステナビリティに関わる具体的な目標を定め、その目標の達成・未達に応じて金利等の融資条件が変動するローンである。

前章においては、同様のコンセプトによる直接金融の手法として、グリーンボンド、サステナビリティ・リンク・ボンド（SLB）について解説した。資本市場において不特定多数の投資家から資金調達するこれら商品の組成には、高度な透明性や画一性が求められる。これに対し、調達企業（借り手）と融資金融機関（貸し手）の間の対話（協議）によって諸条件を定めるローンにおいては、比較的柔軟な商品設計が可能であり、また、融資金融機関による十分な審査・モニタリングがなされることを前提に、透明性や画一性の要請についても一定の柔軟な対応が許容される。この点は、商品組成のためのコストを抑え、比較的小さい規模の資金調達を可能とするため、市場参加者を増やすことにもつながる。そこで、本章では、このようなローンの特徴に着目して、グリーンローンやSLLに関する実務上のポイントを検討する。

2 グリーンローンとサステナビリティ・リンク・ローンに関するガイドライン等

グリーンローンやSLLについては、法律上の明確な定義や要件が存在するわけではなく、また、遵守すべきルールが存在するわけでもない。一方、国際的には、Loan Market Association（LMA）等が策定したGreen Loan Principles（GLP）やSustainability Linked Loan Principles（SLLP）が、グリーンローンやSLLの標準的なフレームワークを示す自主的なガイドラインとして、マーケットにおいて参照されている[1]。また、これらを受けて、国内においても、環境省が、2020年3月に「グリーンローン及びサステナビリティ・リンク・ローンガイドライン 2020年版」（環境省ガイドライン）を策定・公表し、国内の実務においてグリーンローンやSLLに取り組むにあたっての基本的な枠組みを明確にしている。

環境省ガイドラインやGLP、SLLPに法的拘束力はなく、これらに準拠しないことによる罰則等はない。しかし、グリーンローンやSLLが備えるべき事項として実務上依拠すべき一定の枠組みを示すことにより[2]、市場参加者におけるこれら融資取引の導入をサポートし、グリーン・ウォッシュあるいはサステナビリティ・ウォッシュと懸念される融資取引に対してマーケットの牽制を働かせることが期待されている。これらについては、グリーンボンド・SLBに関し、環境省が公表した「グリーンボンドガイドライン 2020年版」（環境省ガイドライン（グリーンボンド））や、国際的に参照されているGreen Bond Principles（GBP）、Sustainability Linked Bond Principles（SLBP）と同様の位置付けである（第6章**2**参照）。

グリーンローン・SLLはいずれも国内外において実績が蓄積されており、取り組むにあたっての実務上のポイントや課題も指摘されるようになっている。とりわけ国外においては、具体的な問題意識に基づき、

1）SLLPを含む公表済のガイドラインの内容は、マーケットからのフィードバック等を踏まえて不断に見直されている。そのため、具体的な取組みにあたっては、常に最新のガイドラインを参照するよう留意されたい。

2）環境省ガイドラインでは、グリーンローンやSLLが備えることを期待する基本的な事項を「べきである」と表記する。また、当該項目を満たさなくてもグリーンローンやSLLと称することは問題ないものの、環境省ガイドラインとして推奨する項目を「望ましい」（推奨）、環境省ガイドラインとしての例示、解釈等を示すに留まる項目を「考えられる」と表記し、項目別に段差をつけた取扱いとしている。

GLP・SLLP それぞれについて Guidance が公表され、また、2021 年 5 月には、SLL 全体の実務に大きな影響を与え得る SLLP の改訂版が公表されている。これらは環境省ガイドラインの策定後に公表されたものであるが、環境省ガイドラインの改訂を待たずとも、国内実務に対する影響は不可避であろう。そのため、本章では、これら国際的な動向も踏まえ、グリーンローン・SLL の課題や今後について検討する。

3 グリーンローン

(1) グリーンローンの概要・特徴

グリーンローンとは、企業や地方自治体等が、国内外のグリーンプロジェクトに要する資金を調達する際に用いられる融資であり、具体的には、①調達資金の使途がグリーンプロジェクトに限定され、②調達資金が確実に追跡管理され、③それらについて融資後のレポーティングを通じ透明性が確保された融資である。

グリーンローンは、海外における組成実績から数年遅れ、国内においては 2017 年から 2018 年にかけて若干の先行事例が見られた。その後、GLP の策定等を背景に、国内外で 2019 年頃に急増しており、外部レビューを取得しているグリーンローンの国内組成額（件数）は、2019 年に約 652 億円（14 件）、2020 年に約 806 億円（10 件）となっている。[3] グリーンローンの資金使途としては、外部機関による認証を受けたグリーンビルディングの取得や再生可能エネルギーに関する事業が典型例であり、グリーンボンドと同様、J-REIT による取組件数が多いこともわが国の一つの特徴である。

グリーンローンを取り入れるメリットとしては様々なものが挙げられるが、借り手・貸し手の双方において、環境面の課題解決に向けた具体的な取組みとして位置付けることが可能であり、また、これを内外にアピールし、社会的な支持を得ることができる点などが中心と言えよう。環境省ガイドラインにおいては、グリーンボンドの場合と同様、借り手、貸し手、環境面等からのそれぞれのメリットを詳細にまとめている。[4]

環境省ガイドライン・GLP において、グリーンローンには、①調達資金の使途、②プロジェクトの評価及び選定のプロセス、③調達資金の管理、

3）環境省グリーンファイナンスポータルのグリーンローン発行データ（市場普及状況（国内・海外））（http://greenfinanceportal.env.go.jp/loan/issuance_data/market_status.html）より引用。
4）環境省ガイドライン第 2 章第 1 節 2. 参照。

④レポーティングの4つの側面において期待される事項があるとされている。その基本的な内容としては、環境省ガイドライン（グリーンボンド）・GBPと同様の枠組みが示されている。しかし、ローンが借り手と貸し手の対話（協議）に基づくものであることを念頭に置いた差異も見られ、留意が必要である。

(2) グリーンローンの実務上のポイント

ア 資金使途、プロジェクトの評価及び選定

グリーンローンで調達される資金は、明確な環境改善効果をもたらすグリーンプロジェクトである。言うまでもなくグリーンローンの最大の特徴であり、環境省ガイドラインにおいてもこの点が強調され、具体例やリファイナンスの場合の留意事項等が詳細に記載されている[5)]。環境省ガイドラインでは、借り手は、グリーンローンを通じて実現しようとする環境面での目標、グリーンプロジェクトの評価・選定のプロセスについて事前に貸し手に説明すべきとされている。また、借り手は、グリーンローン実行時にグリーンプロジェクトが特定されていない場合、調達資金の充当対象とするグリーンプロジェクトが環境面での目標に合致すると判断するための「規準」を策定し、これも事前に貸し手に説明すべきとされている。これらの枠組みは、（説明の相手方が一般の投資家ではなく融資金融機関＝貸し手である点を除き、）グリーンボンドが備えるべき事項として環境省ガイドライン（グリーンボンド）で記載されているものと基本的に異なるところはない。なお、あくまで調達資金がグリーンプロジェクトに充当されることが必須とされているのであり、具体的な環境改善効果の目標達成（たとえば、温室効果ガスの排出量○％削減）等についてコミットメントすることまで要するものではない点も、グリーンボンドと同様である。

グリーンローンについては、環境省ガイドラインでも言及されているとおり、資金使途の対象となる個別のグリーンプロジェクトが予め特定されている場合と特定されていない場合のパターンがあり得る。現状、国内の先行事例においては、個別のプロジェクトが予め特定されているケースがほとんどと思われる。もっとも、ローンの場合、リボルビング・クレジット・ファシリティや当座貸越枠のように、貸付枠を設定し、具体的な資金ニーズに応じてその都度機動的に借入を行うことができる契約形態もあり、個別のグリーンプロジェクトが特定されていないパターンにおける活用も

5）以下の記述を含め、環境省ガイドライン第2章第2節1.及び2.参照。

期待できる。この場合、上述の「規準」やプロジェクトの選定プロセスを予め定めておき、当該「規準」やプロセスを経たことを示す資料を借入申込の添付資料とすることや、当該「規準」やプロセスの適合性を貸付実行前提条件とすることで、対象となるグリーンプロジェクトの適格性を融資契約上も確保する仕組みが考えられる。なお、環境省ガイドラインでは、グリーンボンドにはない特徴として、「ローンは伝統的に、借り手と貸し手の相対関係に基づく取引であり、借り手側のグリーンファイナンスフレームワーク策定を貸し手である金融機関等が伴走することによって円滑な融資が行われることも考えられる」との記載もある。上記のような契約上のメカニズムやその運用についても、借り手と貸し手が協議の上で作り上げることが期待されていると言えよう。

イ　調達資金の管理、レポーティング

調達資金の管理やレポーティングも、グリーンローンが備えることが期待される要素であり、基本的な枠組み[6]はグリーンボンドの場合と同様である（第6章**3**参照）。借り手は、調達資金の使用状況について、帳簿管理や専用の預金口座における管理等の方法により追跡管理を行い、グリーンローンによる調達資金とグリーンプロジェクトへの充当額との整合性等について、定期的に（少なくとも1年に1回）確認すべきとされている。レポーティングについて、借り手は、全ての調達資金がグリーンプロジェクトに充当されるまでの間、少なくとも1年に1回、資金の使用状況を貸し手に報告又は開示すべきとされ、また、資金充当後も、グリーン性に影響を与える事象の発生について、貸し手に報告すべきとされている[7]。

上記のような調達資金の追跡管理の具体的な方法や、資金の使用状況の定期報告、状況変化が生じた場合の適時報告については、借り手の誓約事項（義務）として融資契約において明確に規定することが考えられる。また、借り手が貸し手に提出した報告内容の正確性について、表明保証条項等を通じて確保することも考えられる。通常のコーポレートローンにおいては、このような詳細な資金管理や報告義務は規定されないことが多いであろう。他方で、従来の融資実務においても、特定のプロジェクトを資金使途とするプロジェクトファイナンスや特定の設備投資資金の融資などの

6）以下の記述を含め、環境省ガイドライン第2章第2節3.及び4.参照。
7）環境省ガイドラインは、透明性の観点から、「借り手は、グリーンローンであることを表明する場合には、グリーンローンにより調達した資金の使用に関する最新の情報を、資金調達後に一般に開示するべき」と明記しており、この点は国際的なガイドライン（GLP及びそのGuidance）には見られない特徴である。

ように、調達資金の管理について貸し手による仔細なモニタリングが行われるケースもある。そのため、貸し手におけるこのようなモニタリングの機能や経験は、グリーンローンの文脈でも活かすことができるかもしれない。

もっとも、これまでの国内の先行事例においては、(通常の融資の場合でも必ず規定される資金使途の定めを除き、)グリーンローンの主要な要素が、融資契約の条項として詳細に規定されないケースも存在する。グリーンローンは、後述するSLLと異なり、調達資金のグリーンプロジェクトへの充当や管理が融資条件と結びつくことを本質的な要素としていない。そのため、調達資金の追跡管理、レポーティング等は、環境省ガイドラインやGLPの要件を満たすために、契約書外の運用として実施されているに留まるケースも珍しくないようである。

一方、海外では、国際的なガイドラインであるGLPのGuidance(2020年5月公表)において、資金使途の定め、報告義務、報告内容の正確性の表明保証について、契約上規定することを検討すべきとされている。また、近時は、一定の先行事例の蓄積を背景に、グリーンローンの要素を反映した契約条項の雛型化の動きもある[8)]。GLPのGuidanceは環境省ガイドラインよりも後に公表されたものであるが、国内における実務も、海外の最新の動向を意識することは必要であろう。

ウ　レビュー

環境省ガイドラインは、借り手が、グリーンローンに関するフレームワークに関し既述の各事項に係る自らの対応について、客観的評価が必要と判断する場合には、必要に応じ、外部機関[9)]によるレビュー(外部レビュー)を活用することが望ましいとする[10)]。これはグリーンボンドの場合と同じであり、外部レビューが有用な場合の具体例や外部機関による評価事項についても、環境省ガイドライン(グリーンボンド)と同様の詳細な記載がなされている。なお、外部機関によるレビューの結果については貸し手に対して開示すべきとされているほか(グリーンボンドの場合は一般開示が求められている)、守秘義務や競争上の配慮をした上で外部機関による

8) The Chancery Lane Project “Climate Contract Playbook, Edition 3”(2020年9月)において、複数の法域の法律家等の任意の協力の下、グリーンローン及びSLLのいずれについても契約条項の雛型がまとめられている(グリーンローンについてHarrison’ s clause、SLLについてCasper’ s clause参照)。将来的には、LMA等における雛型化も目指しており、国際的なマーケットプラクティスを知る上で有用である。
9) 監査法人、環境コンサルタント、格付機関等が考えられる。
10) 以下の記述を含め、環境省ガイドライン第2章第2節5.参照。

レビュー又はその要約を一般開示することが望ましいとされている。

もっとも、グリーンローンに関しては、グリーンボンドの場合と異なり、環境省ガイドラインにおいても、レビューの外部性が必須とされているわけではない。融資は伝統的に貸し手と借り手の関係性に基づいており、貸し手は借り手とその活動について幅広い実際的な知識を持つであろうことを踏まえれば、グリーンローンに関する各事項の対応について確認する借り手の内部的な専門性を確立し、その有効性を実証した借り手による自己評価（内部レビュー）で足りる場合もあるとされている。内部レビューによる場合、借り手は貸し手に対して事前説明と報告が求められるほか、守秘義務や競争上の配慮をした上で内部レビューの基礎となる指標やその評価における内部専門性を一般開示すべき（内部レビューの結果についても社会に対する透明性確保の観点から一般開示が望ましい）とされている。これらの点は、概ね GLP も同様の内容となっている。

以上のように、環境省ガイドラインや GLP は、外部レビューを必須とはしていない。しかし、一般論として、借り手において、内部レビューを行うために必要な専門性を有する体制を整備することは容易ではないだろう。客観的評価としての外部レビューは融資金融機関にとっても受け入れられやすいと考えられ、これまでの国内外の事例においても外部レビューを活用するものが多いように見受けられる。もっとも、国内の金融機関の中には、内部レビューを前提に、グリーンローンのフレームワーク策定も含めて借り手を支援するような商品を提供しているものもあり、融資取引の特徴を踏まえて柔軟性を持った実務の発展が期待される。

エ　違反時の効果

グリーンローンとして満たすことが期待されている要素について、借り手が、その要素を満たすことができない場合、融資契約上どのように扱われるか。

グリーンローンによる調達資金が、融資契約において資金使途として明記されているグリーンプロジェクトに充当されない場合、融資契約の違反を構成することになると考えられる。資金使途の不遵守は、通常の融資契約においても契約違反として期限の利益喪失事由を構成し、貸し手に債権回収等に向けた権利の根拠を与えるが、グリーンローンにおいても基本的に同様の取扱いとなろう。もっとも、既述の GLP の Guidance においては、資金使途違反が期限の利益喪失事由（ひいては、他の借入のクロスデフォルト事由）を構成すべきか、十分に検討すべきとされており、異なる取扱いの可能性を排除していない。仮に、当事者間の合意により、グリーンローンの資金使途違反を期限の利益喪失事由に該当しないものとして取り扱う場合、融資契約上も期限の利益喪失事由に該当しない旨を明示的に定めるとともに、違反時の効果（たとえば、グリーンローンとして内外に公表することの禁止等）についても明確化する必要があるだろう。

グリーンローンの他の要素である調達資金の追跡管理、レポーティング等に関しては、既述のとおり、国内実務においては必ずしも契約条項として規定化されていないケースもあり、その場合、融資契約の違反は基本的に問題にならないであろう。もっとも、グリーンローンの適格性に関する外部レビューの取消し等、契約外における影響はあり得る。これに対し、融資契約において規定化されている場合には、この点についても契約違反として期限の利益喪失事由に該当させるべきかという問題が生じるが、SLL に関しても同様の問題が生じるため、下記**4**(2)を参照されたい。

オ　事情変更

グリーンローンの資金使途として元々グリーンプロジェクトと分類されていたものが、後に技術革新等によってグリーンプロジェクトに該当しないこととなった場合の取扱いについては、議論が尽くされていない。

この点について、厳密に対応しようとすると、グリーンプロジェクトの該当性判断を誰が行うか（借り手か貸し手か、両者の合意によるか、外部機関による検証プロセスを必須とするか等）や、グリーンプロジェクトに該当しなくなった場合の効果（グリーンローンとして内外に公表することの禁止等に留めるか、それとも、融資条件に踏み込んで、実行済みの融資について強制期限前返済事由や、未実行の融資について貸付枠の閉枠又は使用停止の事由等とすべきか等）について、事前に当事者間で合意しておくことも考えられなくはない。しかし、現状は「グリーン」性の分類自体に画一的・客観的な基準があるわけではなく、欧州を中心にタクソノミー策定の動きが活発化しているものの（第6章**6**参照）、基準として適切か議論は熟していない。グリーンローンの実務の歴史は浅く、上記のような問題意識を直接反映した融資契約はまだあまり存在しないと思われる。また、事情変更について厳密な対応を志向すると、かえって想定外の事態に対する柔軟な対応を難しくしかねない。借り手と貸し手の対話（協議）に基づく実務形成が期待されていることを踏まえ、融資契約における対応としては、当事者間で協議を行う旨の規定を予め設けておくに留めることなども考えられよう。

(3)　グリーンローンの課題

グリーンローンは、調達資金をグリーンプロジェクトに充当することを本質的な特徴とするが、一般に、事業会社が借入を行う場合、運転資金の調達を目的とすることが多い。事業会社において、適格なグリーンプロジェクトが具体的に計画され、資金ニーズが発生し、それを借入によって調達したいと考える場面は必ずしもありふれていないと考えられる。また、既述のとおり「グリーン」性については画一的・客観的な基準があるわけではなく、グリーンプロジェクトの該当性の判定は難しい場合もあり得る。特に、温室効果ガスの排出が多い産業・セクターに属する企業によるグリーンローンの利用はハードルが高いとの指摘もされている[11]。グリーンローンについては国内外で普及が進んでいるものの、上記のような事情により、利用拡大に一定の課題があることは否定できない。

一方、グリーンローンの国内事例としては、事業会社やJ-REITによる利用のほか、再生可能エネルギー発電所の建設に関するプロジェクトファイナンスについて、外部機関よりグリーンローンの評価を受けたものが存在する。また、そのようなプロジェクトファイナンスの貸付債権を信託によりリパッケージし、外部機関よりグリーンボンドの評価を受けた信託受益権を投資家に取得させるといった、流動化・証券化の実務を応用した事例もある。プロジェクトファイナンスは、特定のプロジェクトのキャッシュフローのみを返済原資の引当てとする資金調達手法である。対象プロジェクトのみを行う特別目的会社（SPC）を借り手とし、貸し手による厳格なキャッシュフローの管理がなされる点が特徴であり、グリーンローンで必要とされる枠組みと重なる部分も多い。グリーンローンに関しては、多様な金融商品をマーケットに供給する一つのツールとして、こうしたプロジェクトファイナンスや流動化・証券化のようなストラクチャード・ファイナンスの活用も期待される。

11）既述のGLPのGuidanceにおいては、このような問題意識を背景に、“Projects that significantly improve the efficiency of utilisation of fossil fuels are potentially eligible, as long as the loan funding such projects is aligned with the four core components of the GLP, and the borrower has committed to an ambitious decarbonisation pathway reasonably considered to be aligned to the Paris Agreement.”とし、化石燃料の使用効率を著しく改善するようなプロジェクトについて、グリーンプロジェクトへの該当性が認められる余地を残している。温室効果ガスの排出が多い産業・セクターについては、直ちに脱炭素化が難しいとしても、最終的にカーボンニュートラルに到達するトランジション（移行）の取組みに対して資金供給を促進すべきとの動きもある。いわゆるトランジション・ファイナンスと呼ばれるものであるが、金融庁、経済産業省、環境省の3省庁共催で設置された「トランジション・ファイナンス環境整備検討会」は、国際資本市場協会（International Capital Market Association）によるClimate Transition Finance Handbookを踏まえ、2021年5月に、トランジション・ファイナンスの概念を明確化するための基本指針を公表している。

4 サステナビリティ・リンク・ローン

(1) サステナビリティ・リンク・ローンの概要・特徴

SLLは、冒頭で述べたとおり、借り手と貸し手の合意に基づき、温室効果ガスの排出量などのサステナビリティに関わる指標（KPI）について、○年までに○％削減するといった具体的な目標（SPTs = Sustainability Performance Targetsと呼ばれる）を定め、その目標の達成・未達に応じて金利等の融資条件が変動することを内容とするローンである。環境省ガイドラインでは、SLLは、「借り手が野心的なサステナビリティ・パフォーマンス・ターゲット（SPTs）を達成することを奨励するローンであり、具体的には、①借り手の包括的な社会的責任に係る戦略で掲げられたサステナビリティ目標とSPTsとの関係が整理され、②適切なSPTsを事前に設定してサステナビリティの改善度合を測定し、③それらに関する融資後のレポーティングを通じ透明性が確保されたローン」と説明されている。

SLLは、2017年頃から、欧州を中心に組成案件の報告例が確認されており、その後、SLLP策定などの環境整備を背景に、組成件数・金額ともに急増した。国内では、海運大手の日本郵船株式会社が2019年11月に公表したシンジケートローン型コミットメントラインの方式によるSLLが初の組成例とされる[12]。その後、本邦での組成金額は増加基調にあり、2020年のSLL融資組成額は695億円に上る[13]。

SLLの最大の特徴は、資金使途の限定が求められておらず、通常のコーポレートローンと同様、借り手企業は、調達資金を運転資金（一般事業資金）に充てることができる点にある。この点は、グリーンローンにおいて、調達資金の使途を特定のグリーンプロジェクトに限定することが求められ、調達資金の利用がモニタリングされるのと異なる。そのため、SLLの借り手企業は、自社のESGやSDGsの具体的な取組みに応じて、調達資金を柔軟に活用することが可能である。

SLLを導入するメリットとして、借り手はSPTsの達成状況に応じて金利条件等が良化することによる経済的な恩恵を受けられる点が挙げられ、これはグリーンローンとは異なる特徴と言える。もっとも、先行事例における金利の増減幅は限定的であり、SLLにおいてもグリーンローンと同

12）https://www.nyk.com/news/2019/20191129_01.html
13）環境省グリーンファイナンスポータルのサステナビリティ・リンク・ローン発行データ（市場普及状況（国内・海外））（http://greenfinanceportal.env.go.jp/loan/sll_issuance_data/sll_market_status.html）より引用。

様、借り手・貸し手双方にとって、サステナビリティ経営の高度化やESG融資の取組みとしての位置付けや、それを内外にアピールすることで社会的な支持を獲得できる点が重視されていると考えられる。SLL導入のメリットについては、グリーンローンと同様、環境省ガイドラインが詳細にまとめている。[14)]

SLLが備えることを期待する基本的な事項は、環境省ガイドラインやSLLPで明確にされている。SLLの最大の特徴は融資条件に連動させるSPTsの設定であり、環境省ガイドライン・SLLPにおいても、SPTsの設定と借り手のサステナビリティの改善度合の測定に関する記述やSPTsの具体例に関する記述が充実している。

⑵ サステナビリティ・リンク・ローンの実務上のポイント

ア SPTsの設定と融資条件との連動

SLLにおいて重要なのは、サステナビリティに関するKPIの選択とこれに基づくSPTsの設定をどのように行うか、そして、これをどのように融資条件と連動させて借り手のサステナビリティ経営の動機付けにつなげるかという点にある。

（ア） 先行事例の傾向

国内外問わず、先行事例において多く見られるSPTsは、温室効果ガス排出量や再生可能エネルギー事業関連施設の新設件数等をKPIとし、環境面の課題を解決する具体的な数値目標を設定するものである。その他、在留外国人の就労サポート人数、女性管理職の比率や労災事故の発生件数等をKPIとし、いわばESGの「S」に関するSPTsを設定するケースも一定程度存在する。これらに対し、個別・特定の事象に関する指標をKPIとするのではなく、外部機関が付すESG格付等を用いてSPTsを設定するケースもある。

連動させる融資条件は、国内外を問わず金利条件とするものが一般的である。SPTsの達成時は○％、未達の場合は△％というように金利（スプレッド）の具体的な数値が決まるパターンが典型例である。その中でも、一度SPTsを達成することで借り手にとって有利に変更された金利が、その後融資期間中継続するものがある一方、毎年SPTsの判定が行われ、その達成・未達に応じて毎年金利の増減が生じるケースもある。その他、前年よりも□％増減させるといったパターンも考えられなくもない。先行事

14）環境省ガイドライン第3章第1節2.参照。

例では複数のSPTsが設定される例も広く見られるが、金利変更のメカニズムが複雑になる場合もあり、融資契約上明確に合意しておくことが必要である。

SPTsが達成されない場合に金利が増加するという仕組みは、貸し手にとって、借り手のサステナビリティ経営の悪化を収益に結び付けるという側面があることは否定できない。海外では、金利の増加分は寄付に充てたり、（金利の支払ではなく）借り手に留保させてESGに関する投資に利用することを義務付ける、といった取扱いをする例も珍しくないようである。このような取扱いは、今後国内においても参考になろう。

（イ）　実務上の懸念とSLLPの改訂

先行事例の傾向として、SPTsに用いられるKPIに、借り手が（SLL導入前から）継続して行っている取組みに関する指標が利用されることが多い。従前から外部に対してサステナビリティレポート（CSR報告書）や統合報告書等で公表している指標を利用することにより、比較的容易に案件に取り組むことができるためである。

他方で、借り手として、SLLを導入する本来の目的は、自社のサステナビリティ経営の高度化にある。環境省ガイドラインでは、SPTsが、借り手のビジネスにおけるマテリアリティ（重要課題）に関連した野心的かつ有意義なものでなければならないことが強調されている[15)]。借り手が既存の取組みを継続すれば容易に達成できるSPTsの設定では、「野心的かつ有意義」とは言い難く、対外的なアナウンス効果も限定的となり、または、サステナビリティ・ウォッシュとの批判を受けかねない。

SPTsの設定が妥当か、SPTsの達成状況が適切に検証されているか等に関する懸念の声は市場関係者の間で強く、サステナビリティ・ウォッシュを防ぐ仕組みに高い関心が寄せられている。国際的なガイドラインであるSLLPについては、このような問題意識を踏まえ改訂が繰り返されており、とりわけ2021年5月（発効日：6月3日）のSLLP改訂及びGuidanceの策定により[16)]、SLLの要件が大幅に見直され、厳格化された。改訂後のSLLPにおいては、適切なKPIの選択、「野心的な」SPTsの設定のために必要な要素が明確化されたほか、借り手による各SPTsの達成状況については、少なくとも年1回、独立した外部機関による検証を受けることが

15）環境省ガイドライン第3章第2節2.参照。

16）最新のSLLP、Guidanceについては、Loan Syndications and Trading Association（LTSA）のウェブサイト（https://www.lsta.org/content/?_industry_sector=guidelines-memos-primary-market）等で参照できる。

必須とされた。KPIの選択・SPTsの設定の枠組み自体の妥当性に関するレビューは引き続き内部レビューによることも許容されるが（下記ウ参照）、設定されたSPTsに対する毎年の実績検証については外部機関によるものとしない限り、SLLPに基づくSLLと称することができなくなる点は、注意が必要である。

イ　レポーティング

SPTsの達成状況に関する貸し手へのレポーティングは、環境省ガイドラインやSLLPにおいてSLLが備えるべきとする一つの要素である[17]。国内外の先行事例では、融資契約上、借り手において、SPTsの達成・未達に関する一定の報告書を貸し手に提出する義務を負うことが一般的である。これは、一部の融資契約において、財務コベナンツ等の遵守報告書の提出が求められるのと類似する。報告書において記載すべき具体的な内容や提出のタイミングは、環境省ガイドラインやSLLPで年に一度以上の頻度が求められていることを踏まえつつ、借り手の事務負担や金利変動などのSPTsに連動する融資条件のメカニズムを考慮して協議、合意されることになる。SPTsに対する実績について外部機関による検証が行われる場合、当該検証結果の報告書等を添付資料として併せて提出義務の対象とすることもあり得る。他方で、必要な情報がサステナビリティレポート（CSR報告書）や統合報告書等で一般に公表されている場合[18]、公表されたことをもって貸し手に対する個別の報告義務に代替することも考えられる。

ウ　レビュー

環境省ガイドラインは、グリーンローンと同様、SLLのフレームワークに関し、同ガイドラインが期待すべき事項を満たすかについて外部レビューを活用することを推奨しつつ、借り手と貸し手の合意により、内部レビューによることも認めている[19]。KPIの選択・SPTsの設定という枠組み自体のレビューについては、2021年5月の改訂後のSLLPにおいても、同様の考え方がとられている。

他方で、既述のとおり、借り手の各SPTsに対する実績の検証に関して

17）環境省ガイドライン第3章第2節3. 参照。

18）環境省ガイドラインは、透明性の観点から、「借り手は、サステナビリティ・リンク・ローンであることを表明する場合には、SPTsに関する情報を一般に開示するべき」としつつ、一定の場合に「貸し手にのみ報告することができる」ことを認めている（SLLPも概ね同様の内容となっている。）。また、2021年5月のSLLP改訂版において必須とされたSPTsの外部機関による実績評価については、適切な場合一般開示すべきとされている。

19）環境省ガイドライン第3章第2節4. 参照。内部レビューとする場合に、その専門性等について貸し手に十分に説明すべきとされている点や一般開示に関する考え方も、グリーンローンの内部レビューに関する考え方と同様である。

は、2021年5月の改訂後のSLLPにおいて、少なくとも年に1回、独立した外部機関による検証が必須とされた。環境省ガイドライン（2020年3月公表）は本稿執筆時点で改訂されておらず、SPTsの達成状況に関して外部機関による検証が必要かどうかはケースバイケースとされている。外部機関によるレビュー・検証の要否については、案件組成コスト等にも関わるものであり無視できない。国内においてSLLの組成が行われる場合でも、（環境省ガイドラインだけでなく）SLLPへの準拠は重視されており、上記の点については留意が必要となる。

エ　事情変更

案件組成後の事情変更により、既存のKPIやSPTsがワークしなくなる場合にどのように対処すべきかが問題となる。たとえば、使用していたKPIが何らかの形で利用できなくなる（あるいは指標として不適切になる）、外部機関の基準に変更が生じる、というような事態である。SLLは、借り手と貸し手の間の合意（融資契約）に基づき条件が定められるため、当事者の合意によって条件を変更することもできる。そのため、融資契約上、このような事態が生じた場合には条件の見直しについて当事者間で協議を行う旨の規定[20]を予め設けておくことなども考えられる。

事情変更は、必ずしも外部要因とは限らない。たとえば、SLLを導入した企業が、その後、ビジネスモデルを転換したり、M&AによりESG関連の事業を譲渡又は譲受することも想定される。一般の融資契約においても、シンジケートローンのように作り込まれるものについては、借り手企業による事業内容の変更やM&Aは金融機関の承諾事項とされることがある。SLLについては、SPTsの継続性確保という観点からも、このような承諾事項の規定を金融機関から求められる可能性があることについて、借り手企業としても認識する必要がある。

オ　違反時の効果

通常、融資契約上の義務違反は、期限の利益喪失事由として、貸し手に債権回収・権利行使の基礎を与える。しかし、SLLにおいては、SPTsの達成・未達は融資条件に連動するのみであり、SPTsの未達は融資契約上の義務違反や期限の利益喪失事由を構成するものではない。

SPTsの達成・未達の基礎となる情報や貸し手に対する報告に誤りが含

20）SLLPのGuidance（2021年5月公表）では、このような事情変更に備え、一定の条件を満たした場合には、借り手がKPIやSPTsをアップデートすることができる旨の規定を設けることも示唆されている。もっとも、機械的な条件を設定することは難しく、少なくとも国内実務においては、本文で述べたような協議規定を設けるに留めるのが現実的と思われる。

まれていたり、報告が期日どおりになされなかった場合も、第一義的には、連動する融資条件において考慮されるのが通常と思われる。事後的に誤りが判明した場合などは、金利の再計算・精算も必要になり得る。

これらに加え、SPTsに関する情報提供義務や他のESGに関する規定の違反が、期限の利益喪失事由をも構成すべきかは、議論の余地がある。海外においては、明示的に期限の利益喪失事由に該当しない旨を定めることも珍しくないようである。SLLを含むサステナブルファイナンスは、金融を通じて企業の中長期的な環境・社会的な課題解決を促すものである以上、ESGに関する条項に違反したとしても、貸し手に強い権利を与えず、借り手・貸し手間の対話の契機とするに留める位置付けも考えられる。

⑶ サステナビリティ・リンク・ローンの課題

現状、KPIの選択、SPTsの設定や評価をどのように行うべきかに関して統一的な基準は存在せず、環境省ガイドライン等もESGに関する情報の定量的な評価について具体的な指針を示すものではない。また、KPIについて借り手は既に一般開示されているものを利用することが多いと述べたが、そもそもESGに関する情報開示の基準自体が未整備の状況であり、(SLLの文脈に限らず)そのような情報の透明性・客観性確保も課題の一つと言える。ESGに関する情報開示については、国際的な基準統一化の動きもあり、SLLの実務にも影響を与える可能性がある。

国内外の先行事例において、SPTsの達成・未達に連動する金利条件の増減幅は限定的であり、多くが1-5bps(0.01〜0.05%)程度の増減に留まると考えられる。金利(スプレッド)の水準は、融資の回収可能性(リスク)と表裏の関係にある。しかし、現状の上記実務に鑑みると、SLLで実現を目指す借り手のサステナビリティ経営の高度化は、借り手の企業としての収益力ひいては融資の回収可能性といった与信判断の要素に積極的に取り込まれるには至っていないと言えようか。もっとも、SLLの歴史は浅く、今後、基準の透明化・統一化の動きと相まって、ESGに関する要素が与信判断の基礎として実質的な意味を有するようになる可能性は否定できない。また、サステナビリティに関するSPTsを金融商品の条件に直接連動させるSLLの枠組みは、ESG金融商品の一つの類型として今後様々な商品[21]に応用される可能性がある。本稿で述べたSLLに関する実務

21) たとえば、環境面や社会的な課題解決に対するインパクトを経済的な利益に結び付ける投資を、「インパクト投資」と呼ぶことがあるが、SLLに限らず、ESG金融の発展形として注目されている。

上のポイントや様々な課題も、そのようなESG金融商品発展のための橋頭堡となることが期待される。

5 結び

国内外におけるガイドラインの策定を契機として、また、事例の積み重ねとともに、市場との対話を反映したガイドラインの不断のアップデートを通じて、グリーンローンやSLLの普及・促進のための素地は整いつつある。SPTsの設定や評価手法の確立、情報開示の基準・制度の拡充など、今後の議論の進展と環境整備が待たれる部分もあるが、間接金融市場の大規模な資金供給力を背景に、企業金融におけるESG融資の取組みは大きく発展していくことが期待される。

第8章

ESGとM&A

1 はじめに

本章では、ESG要素が具体的な経営施策の実施に与える影響、とくに、M&Aに与える影響について検討することとしたい。これまでの章は、主として企業が投資を受ける側の立場でどのようにESG要素に配慮すべきかを主に検討したものであるが、本章は、そのような上場企業が買収者となりM&Aを行う際に、いわば投資家側の立場でどのようにESG要素を考慮するかを検討するという点で、視点が異なる[1)]。

具体的には、以下、まずM&AにおいてESG要素を考慮する意義について確認した上で（後記**2**）、M&Aを実行する上での主要なステップに分け、デューディリジェンス（後記**3**）、買収契約における関係条項の検討（後記**4**）、および買収実行後の統合作業（PMI）（後記**5**）の各場面において、ESG要素が実務にどのような影響を与えるかを検討する。

2 M&AにおいてESG要素を考慮する意義

企業にとって、ESG要素はリスク要因となるとともに、収益機会にもなる[2)]。

ESG要素が企業活動のリスク要因となることは直観的にもわかりやすい。日本政府を含む各国の政府がESGを政策課題に据え、環境規制や人権侵害に関する法規制の厳格化が進む中、ESG要素に係る法規制によって、企業が罰金等の制裁を受け多大な金銭的支出を求められるリスクや、

1）本章では、上場企業がM&Aの買収者となる場面を主に念頭において検討を行う。
2）ESG要素を含む持続可能性への取組みが「リスク」と「機会」の両側面を有することは、経済産業省「SDGs経営／ESG投資研究会報告書」（2019年6月）11頁および12頁においても触れられている。

事業活動そのものが困難となるリスクが存在する。また、コンプライアンスが重視される今日においては、ESG要素に係る課題を抱えることは、多大なレピュテーションリスクを負う。たとえば、企業において人権という観点で不適切な行為が行われていた場合には、仮にそれが何らかの具体的な法規範に抵触しているものではないとしてもNGO等から非難声明が出され、消費者により不買運動を起こされるなど、事業運営に大きな悪影響が生じる可能性があることは、第9章でも詳述するとおりである。加えて、第2章でも解説したとおり、株主その他のステークホルダーのESG要素への関心が高まる中、ESG要素を十分に検討・評価していない企業は、株主を含む投資家からの圧力にも晒される。

他方で、ESGに関する取組みは、リスクの低減だけではなく、収益機会にもなる。たとえば、クリーンエネルギーに対する需要の高まりなどにみられるように、消費者が、公共の利益を考慮して自らの消費行動を選択する動きは今後一層広まると予想されるところ[3)]、かかる動きは、企業がESG要素に配慮することで事業収益を得ることが可能であることを意味する。

以上に関しては、世界最大の機関投資家である年金積立金管理運用独立行政法人（GPIF）が、民間企業がESGに取り組むことで共通価値創造（CSV）[4)]を実現し、企業価値の持続的な向上を図ることで、ESG投資を行う投資家の長期的な投資リターンの拡充につながるものと分析していることとも整合する[5)]。かかる分析は、ESG要素に配慮した企業活動が、長期的な企業価値の向上につながることを前提とするが、それはまさにESG課題への配慮がリスクの低減と収益向上の機会となるためである。このように、ESGに関する取組みは企業価値や収益性の向上をも目的とする点において、従来盛んに議論されてきた企業の社会責任投資（SRI）や企業

3）田中亘「株主第一主義の意義と合理性―法学の視点から」証券アナリストジャーナル58巻11号（2020）14頁～15頁。なお、同論文は、上場会社における株主の機関投資家化の進展、とくに大手運用機関が全世界の会社に分散投資する動きが、株主利益と公共の利益の乖離を縮小させるよう機能すると説く。かかる説明は、企業がESGに配慮した経営を行うことが、公共の利益のための費用負担に終始することなく、株主利益の向上につながることの裏づけとなる。

4）CSV（Corporate Shared Value）とは、企業の社会的責任のみに着目する従来のCSRを発展させ、社会的価値と経済的価値の双方が創造されるべきとの考え方である（Michael E. Porter and Mark R. Kramer, Creating shared value: How to reinvent capitalism - and unleash a wave of innovation and growth, Harvard Business Review 89:62–77, 2011)。

5）経済産業省・前掲（注2）17頁。なお、同報告書では、投資家によるESG投資と、企業のSDGsへの取組みは表裏の関係にあると整理しており、企業側の取組みという文脈では「SDGs」という用語を使用しているが、本章では、用語の統一という観点から、企業側の取組みについても「ESG」を用いることとしている。

の社会的責任（CSR）とは異なる。[6]

M&Aに係る経営判断を行うに際しては、善管注意義務の下で、自社の企業価値（ないし株主共同の利益）の最大化に資するか否かを検証する必要があるが、ESG要素が企業においてリスク要因となり、また、収益機会となる今、M&Aの実施に際しては、対象会社のESG要素に係るリスクの分析および企業価値向上の機会に関する評価を適切に行っていくことが求められ始めている。実際に、近時、M&Aを実施する主要な理由の一つとして、ESG要素に言及する例が増加している。たとえば、2021年1月に実行されたプジョーを傘下に持つPSAとフィアット・クライスラーの合併は、フィアット・クライスラーにおいて、走行一キロメートル当たりの二酸化炭素（CO2）排出量を下げることがその目的の一つとされる。また、日本においても、三菱商事は、中部電力とともに欧州で総合エネルギー事業を展開するEnecoの買収に際し、かかる買収により低炭素社会への移行や地球環境保全への貢献を目指すことを宣言している。[7]

しかし、M&Aを実施するに際してESG要素を適切に分析、評価および考慮しようとすると、対象会社のESG関連情報の入手がそもそも困難であったり、また、仮にこれが得られたとして、企業価値評価にどのように反映させるか、あるいは契約条項でいかなる対処を行うか、買収後の統合過程でどのような取組みを行うか、といったさまざまな悩みに直面する。そこで、以下では、M&Aの各場面においてESGの要素が実務に与える影響を検討していきたい。

3 デューディリジェンスにおける考慮

M&Aを実行する際には、まずは対象会社のリスクを調査・検討するプロセスであるデューディリジェンスを行った上で、かかるデューディリジェンスの内容も踏まえた上で対象会社を評価するプロセスを踏むのが通常である。そこで、以下では、このようなデューディリジェンスの場面におけるESG要素の考慮のあり方を検討する。

6）本書第2章**1**参照。
7）三菱商事「令和元年度定時株主総会招集ご通知」42頁参照。

(1) ESG要素に着目したデューディリジェンスの潮流

一般的に、従前の法務デューディリジェンスの実務においても、ESG要素は調査の対象とされてきた。たとえば、ESGの「E」については、主に製造業を営む対象会社に対して、環境法規の遵守状況や顕在化した環境リスクについての調査は行われてきたし、ESGの「S」や「G」に関しては、たとえば、人事労務、贈賄規制といった具体的な法規制の遵守等はこれまでも法務デューディリジェンスの対象に含まれてきたものである。ただし、従前の一般的な法務デューディリジェンスは、ESG要素に関して、主に、法令違反の有無や、顕在化した企業価値の毀損リスクの確認という観点からの調査という性質が強かった。

もっとも、2006年に投資家がとるべき行動として国連により発表された責任投資原則（PRI）においてESGに配慮した投資が提唱されて以降、金融機関等の機関投資家は早くからESGに対する関心を持ち始めた。その結果、主に欧米において、金融機関等から出資や融資を受けM&Aを実行するプライベートエクイティファンドや、自らも機関投資家としての顔をもつ金融機関等を中心に、ESG要素を深掘りしたデューディリジェンスの実務が先導された。そして、ESGが世界的な潮流となった現在は、ESG要素がリスク要因となり、また企業価値向上の機会となるという認識が広まったことで、買収者の所在国や株主の属性にかかわらず、ESG要素に着目したデューディリジェンスが行われる場面が増えてきている[8)9)]。また、自社のESG投資ガイドラインやESGデューディリジェンスチェックリストを設け、M&Aの場面におけるESGに係る検討手続、考慮要素等を書面化しておくことも行われている。

8）ヨーロッパにおいては、M&AにおけるESGデューディリジェンスに関するプライベートエクイティファンドおよび事業会社に対する調査で、調査対象となった21件中18件において、法務、財務、ビジネスに係るデューディリジェンスとは独立した項目としてESGデューディリジェンスが行われたとの調査結果も存在する（Arvid Rydell and Alexander Leucht, Looking behind the curtain: Exploring the role and content of ESG in M&A Due Diligence（Unpublished master' s thesis）Uppsala University, Department of Business Studies, 30, 2020）。

9）対象会社の所在国は明らかではないが、Mergermarketが30社（プライベートエクイティファンド、事業会社、アセットマネジメント会社がそれぞれ3分の1ずつ）のシニアエグゼクティブに対して実施した調査によると、そのうちの90%がM&Aの場面においてESGに関するデューディリジェンスを実施すると回答したとのことである（Mergermarket, ESG on the Rise: Making an Impact in M&A, 9, 2019）。また、SRS AcquiomによるM&A関係者（調査対象の詳細は明らかではない）に対する調査結果によると、51.9%がDDの際にESGに関する追加の調査が必要となる旨回答しており、さらに、69.4%が、デューディリジェンスの際にESGを何らかの形で考慮することがあると回答したとのことである（SRS Acquiom, Environmental, Social & Governance（ESG）Factors and Their Influence on M&A Activities, 4-5, 2021）。

⑵ 人権デューディリジェンスへの関心の高まり

ESG、とくに「S」に着目したデューディリジェンスの例として、人権デューディリジェンスが挙げられる。詳細は第9章に譲るが、人権デューディリジェンスは、企業活動や取引関係（サプライチェーン）に関連して生じ得る人権侵害の有無を調査するものである。人権デューディリジェンスは、2011年に国連人権理事会が採択した「ビジネスと人権に関わる指導原則（the United Nations Guiding Principles on Business and Human Rights)」（以下「国連指導原則」という）、および同年に改訂された経済協力開発機構（OECD）の「OECD多国籍企業行動指針」が企業に対して人権の尊重を求めたことを契機として関心が高まった[10)]。かかる流れを受け、近時は、欧米ではソフトローからハードローへの移行が進みつつあり、日本においても、2020年10月、「『ビジネスと人権』に関する行動計画（2020－2025)」が策定されるなど、人権デューディリジェンスの要請は強まっている。

なお、人権デューディリジェンスの文脈における「デューディリジェンス」とは、M&Aの際の対象会社の企業価値や潜在リスクの調査とは、①継続性（恒常的なものか否か)、②DDの対象となる「リスク」の範囲、③リスク分析のアプローチ、④必要とされる「コンプライアンス」の程度等が異なると言われる（第9章参照)。上述国連指導原則や各国の法令も、必ずしもM&Aの文脈におけるデューディリジェンスを想定したものではない。もっとも、人権侵害は、前記**2**においてESG要素に係るリスクとして挙げた、法規制リスクやレピュテーションリスク、また株主対応上のリスクのにいずれにも波及し得るものであり、対象会社の事業における重大なリスク要因となるため、M&Aの実施段階においても調査しておく必要性は高い。

⑶ ESGに着目したデューディリジェンスにおける追加対象事項

従来の法務デューディリジェンスにおけるESG要素に係る調査対象項目と、近時のESGに着目したデューディリジェンスにおいて追加で調査対象とされることがある項目を比較すると図表のとおりである[11)]。

10）人権デューディリジェンスの内容については、第9章参照。

11）なお、デューディリジェンスの調査対象は、対象会社の業種・規模、当事者の交渉、時間または予算による制約等、個別具体的な事情に基づき決まるものであり、図表は、あくまで一般的な傾向として示したものにすぎない点にはご留意いただきたい。

【図表　ESG要素に係るデューディリジェンス対象事項の比較】

ESG項目	従来のデューディリジェンスでの対象事項	ESGデューディリジェンスにおける追加対象事項
Environment	・環境法規の遵守状況 ・顕在化した環境リスクの有無	・環境マネジメントシステムおよび環境ガイドラインの遵守状況 * ・気候変動対策の実施の有無 ・開発プロジェクトに関する地域住民の反応、評価
Social	・労働法違反の有無 ・反社会的勢力との関係の不存在	・人権デューディリジェンス ➢　サプライチェーンの確認 ➢　サプライヤーにおける強制労働の有無 ・対象会社における人権デューディリジェンスの実施状況およびその結果
Governance	・贈収賄・マネーロンダリング・データセキュリティに係る法令違反の有無 ・役員との契約関係・インセンティブプランの確認	・贈賄・マネーロンダリング・データセキュリティに係る指針等の社内規則および遵守体制の確認、買収者側の体制との比較 ・取締役会等の主要な意思決定機関の構成（ダイバーシティ）の確認 ・役職員のハラスメント、人種差別的な行動の有無
その他	—	・ESGの管理体制の確認 ➢　ESG戦略の有無、内容 ➢　ESGに係るフレームワーク（ESG開示フレームワークを含む）の内容・遵守状況 ➢　ESGガバナンスの内容 ** ・NGO等からの指摘の有無、過去のやりとりの内容

*　環境マネジメントシステムの例として、環境マネジメントシステムに関する国際認証規格であるISO14001が挙げられる。環境ガイドラインの例としては、森林管理協議会（Forest Stewardship Council）の森林認証に係る原則または基準等が挙げられる。

**　たとえば、取締役会におけるESGの監督体制（ESGを含むサステイナビリティ関係の委員会の設置状況を含む）、取締役会におけるESG関連の議題の提出状況、認識された課題、当該課題への対処のモニタリング状況等を確認することが行われる。

前記のとおり、これまでのESG要素に係る法務デューディリジェンスが法令違反や顕在化した企業価値の毀損リスクの確認にとどまるところ、近時のESGに着目したデューディリジェンスは、調査の対象を、法規にとどまらないソフトロー[12)]の遵守にも広げている点、また、調査の対象を、対象会社自体から、その取引先であるサプライヤーや、役員の個人的な行動（セクシャルハラスメントや差別的言動）にまで広げている点、ESGに関する管理体制、取締役会の構成等を確認の対象とする点、リスクに留まらず、収益機会に係る調査が行われる点等において、従来の一般的な法務デューディリジェンスより範囲・対象を広げるものであるといえよう。

⑷ ESGに着目したデューディリジェンスにおける制約

もっとも、ESGに着目したデューディリジェンスには、以下のような制約もある。まず、ESGに着目したデューディリジェンスは実務的に定着した従前の一般的な法務デューディリジェンスから対象を拡大するものであり、売手からは、買収が確定する前の段階での情報開示の範囲が拡大し、負担および情報開示によるリスクが増大することを理由に拒絶される場合もある。とくに、サプライチェーンにおける人権侵害の有無に関する調査等、買収が確定していない段階での第三者への調査は情報管理の観点から困難な場合も多い。また、該当するESG要素についてそもそも対象会社がまったく関心を有していない場合や対応を一切行っていない場合には、デューディリジェンスの過程で情報開示請求を行ったとしても、対象会社自身開示できる情報を整理した形で有していないこともある。

さらに、ESGに着目したデューディリジェンスにおいては、遵守状況の認定および違反があった場合のリスク評価が困難であるという面も存する。たとえば、国連指導原則やOECD多国籍企業行動指針等のソフトローにおいては遵守が求められる要件が必ずしも明確に規定されていない場合があり、また規定に係る解釈も確立していないため、違反を認定することが難しい場合がある。また、ソフトローへの違反があった場合は、通常、明確なペナルティが規定されていないが、レピュテーションリスクや株主から対応を求められるリスクが存在するとして、かかるリスクを数値化してバリュエーションに反映することは困難な場合がある。

12）ESGの要素に関する規範の多くは、従来のハードローといわれる制定法とは異なり、国際団体や民間が主導して形成される「法規範ではないが、国や企業が何らかの拘束感を持ちながら従っている法規範」であるソフトローであることが特徴的である。

⑸ 小括

ESG要素に着目したデューディリジェンス等の対象会社の評価には、前記⑷のような制約も存するが、いずれも、基本的には今後の実例の蓄積によって解決され得るものと思われる。まず、売手による実施の受入れに関する制約については、ESG要素に係るリスクへの認識が広まり、また、ESGに着目したデューディリジェンスが実施されるケースが増えていくことで、売手において不合理に拒絶することが難しい状況となっていくことが予想される。また、ソフトローへの違反の認定およびバリュエーションの困難性についても、ソフトローの確立、企業によるESG情報の開示の充実、ソフトローへの違反事例およびその場合の企業価値の毀損等について実例が蓄積していくことによって違反の認定およびバリュエーションへの反映が今後可能となっていくことが期待される。

4 買収契約における条項への影響

一般的なM&Aにおいては、デューディリジェンスの実施後、デューディリジェンスで発見されたリスクへの対応方法や買収当事者間のリスク分担について交渉が行われ、かかる交渉の結果が買収契約の条項に規定されることが多い。ESG要素についても、その重要性に応じて買収契約の条項に反映することが検討されることになる。まず、デューディリジェンスで確認されたESG要素に係る具体的なリスク項目については、クロージング前の誓約事項または前提条件として、クロージングまでの間に売手または対象会社において必要な対応を行う旨を規定することや、かかるESG要素に係るリスクが顕在化した場合の売主の補償責任に関する条項が規定されることがある。

また、前記3⑷のとおり、ESG要素についてはさまざまな制約によりデューディリジェンスでは情報が得られない場合も想定されるところ、ESG要素に係る未確認のリスクは、ESG要素に関する表明保証条項を規定することでリスク分担が図られる。

⑴ 表明保証条項

元々、ESGの要素は実務上一般的な表明保証条項においても抽象的にカバーされている事項は多い。たとえば、環境に関する法令違反がないこと（「E」）、労働法規制違反がないこと（「S」）、贈賄規制の違反がないこと（「G」）等は典型的に表明保証条項として規定されるものである。もっとも、近時のESGに係る表明保証条項は、デューディリジェンスの対象の拡大と呼応し、表明保証の対象を、法規にとどまらないソフトローの遵守に広げることや、対象会社自身に関する事項から、その取引先であるサプライチェーンや、役員の個人的な行動（セクシャルハラスメントや差別的言動）にまで広げる例がみられる。たとえば、米国では、著名な映画プロデューサーであったハーヴェイ・ワインスタイン氏による長年にわたるセクシャルハラスメント、性的暴行が明るみに出たことにより同氏が経営する会社が破産に追い込まれた件を契機として、買収契約において、マネジメント層がセクシャルハラスメントについて告発を過去に受けていないこと等を内容とする表明保証が盛り込まれる動きが出ており、かかる条項は“Me Too Representation”や“Weinstein Clause”等といわれている。なお、American Bar Associationの調査によれば、2018年～2019年第1四半期の米国における上場会社による非上場会社の買収案件において、買収契約上、セクシャルハラスメントに係る具体的な表明保証条項が規定された例は全体の13％に上るとのことである[13]。

また、英国においては、対象会社が、英国の現代奴隷法その他の奴隷制、強制労働、人身売買等の撲滅に関するすべての法令を遵守していることについて売主が表明保証を行う例もみられる。英国の現代奴隷法は、一定の規模以上の企業に、サプライチェーンにおける奴隷や人身売買を根絶するための方針と、根絶のために実施した活動に関する情報の公開を義務づけるものであるため、実質的にはサプライチェーンに関する事項にまで表明保証の対象を広げているとみることもできる。

なお、契約交渉においてESG要素に関する表明保証を買収者が提案した場合にも、一般的な表明保証の範囲を超えるものとして最終的に売手に受け入れられないケースもあるが、そのような場合も、ESG要素に関する表明保証を求めていくことにより、売手からはかかる条項が不要であることを示すべく関連する情報の開示が受けられる場合もある（表明保証の情報開示促進機能）。前記**3**(4)のとおり、デューディリジェンスの場面ではESG要素に関する情報開示が十分に受けられない可能性も想定されるため、買収契約の交渉において、ESG要素に係る表明保証条項の提案を行うこと自体が意義を有する場合もある。

---

13) American Bar Association, the M&A Market Trends Subcommittee of the Mergers & Acquisitions Committee, Private Target Mergers & Acquisitions Deal Points Study (including Transactions from 2018 and Q1 2019), 44, 2019.

⑵ コベナンツ条項

対象会社の一部株式の取得やマイナー出資の場合のように、M&A実行後に買収者が対象会社のコントロール権を有さない場合には、株主間契約や投資契約において、大株主または対象会社が、M&Aの実行後にESGに関して遵守すべき事項を規定することがある。かかる条項としては、たとえば、ESG要素に係る情報を株主に提供する義務、ESG管理体制の構築義務、環境保護や人権尊重に関する義務等が存在する。環境保護や人権尊重に関する遵守事項は、以下のような形で規定されることがある。以下についても、法規にとどまらないソフトローの遵守や、対象会社の委託先や調達先に遵守を要請し遵守状況を把握することを求めるという点で、従来のコベナンツ条項と比較して義務の範囲が広がっているといえる。

（環境保護）

「●は、その企業活動において汚染、廃棄物、材料ロス等の排除並びに省エネルギー、省資源、およびリサイクルに努めるものとし、地球環境に与える負荷を軽減すること等を目的とする環境保全活動を推進するものとする。また、●は、事業活動を行う各国・各地域の環境関連法令等を遵守するとともに、●の委託先および●の調達先にも遵守を要請し、その遵守状況を把握するものとする。」

（人権尊重）

「●は、自社の従業員の人権に十分に配慮し、安全かつ適切な職場環境を整えるとともに、差別的取扱いを行わず、雇用の機会均等に努めるものとする。また、●は、強制労働、児童労働、外国人労働者の不法就労その他の違法ないし不当な雇用を行わないとともに、賃金・労働時間を含む従業員の雇用条件については、事業活動を行う各国・各地域の法令等を遵守するものとする。また、●は、●の委託先および●の調達先にも遵守を要請し、その遵守状況を把握するものとする。」

5 M&Aの実行後段階（PMI）

ESG要素が、リスク要因および収益機会という両側面を有する以上、M&A実行後の対象会社においても、ESG要素に着目した経営を行うことが重要となる。対象会社の100％買収の案件であれば、買収者は、買収完了後の統合作業（PMI）として、自ら対象会社の体制構築等を行うことになる。PMIの場面においては、ESG要素に関連して以下のような対応がなされることが実務でみられる。

(1) 買収後のリスクアセスメント

前記3(4)のとおり、M&Aの場面におけるデューディリジェンスについては、まだ買収が実際に行われるか確定していない段階での第三者からの調査という性質上、情報開示を得られる範囲には限界があることもあるが、そのような問題は、対象会社の100%買収の実行後には存在しない。M&A実行段階において十分な調査を行うことができなかった場合には、買収完了後のリスクアセスメントとして、買収者によって、より詳細なデューディリジェンスが行われることがある。

とくに、人権デューディリジェンスは、前記3(2)において記載したとおり、本来M&Aの場面に限らず、恒常的に実施することが求められるものであるため、M&Aの実行段階に実施できなかった場合にはもちろん、実施できた場合においても、PMIの一環としてより詳細な人権デューディリジェンスを実施することが望ましい。近時は、日本においても、人権デューディリジェンスの実施を公表する例や、サプライチェーンに関するチェック項目を自社のウェブサイト等で開示する例が増えており[14]、他社の例も参考にしつつ、M&A実行後に対象会社に対する詳細な人権デューディリジェンスを行うことが考えられる。

(2) ガバナンス構築

買収者は、PMIの一環として、一般に自らの社内規則、ポリシー、基準等を対象会社に対しても適用を行い、周知し、遵守させる必要がある。また、かかる遵守体制についてモニタリングを行い、監督を行うため、対象会社に関する情報を収集できるだけの体制を整える必要がある。ESG要素に関しても同様であり、買収者のESG関連の社内規則、ポリシー、基準等を対象会社に適用した上で、ESG要素に関する情報が集約される体制を築く必要がある。なお、買収後ただちに対象会社に適用ができるよう、買収者においても、自社グループに適用されるESG関連の社内規則、ポリシー、基準等を準備しておくことが重要である。

また、近時は、ESGに関するガバナンス体制を構築することに加え、

14) たとえば、キリンホールディングス（https://www.kirinholdings.co.jp/csv/human_rights/duediligence.html） や、Glory（https://www.glory.co.jp/csr/society/supplychain_management/?anchor=anchor04）等。

ESG指標の改善にインセンティブを持たせるべくESG要素を役員報酬制度にも反映させる動きが出てきている。買収後のPMIの一環として、環境に関する指標（CO2排出量、再エネ使用率）、従業員に関する指標（従業員賞与、従業員満足度）、外部評価（Dow Jones Sustainability Indicesに基づく評価[15]）等を指標として、対象会社の役員報酬制度にESG要素を反映させることも考えられる[16]。

6 さいごに

冒頭で述べたとおり、ESG要素は、企業のリスク要因となり、収益機会となるいわば企業価値の源泉ともいえるため、企業活動のあらゆる面に影響を与えることは避けられない。本章ではその中でもM&Aの実務が、ESGの観点からどのような影響を受けているかを検討したものである。今後、日本のM&Aにおいても更なる実務の進展がみられることを期待したい。

15）同外部評価は、たとえばオムロン（https://www.omron.co.jp/about/corporate/governance/compensation/）やリコー（https://jp.ricoh.com/governance/governance）において採用されている。
16）ESGと役員報酬の詳細については、本書第4章参照。

第9章
ESGと危機管理
―ESGからみた「ビジネスと人権」：平時と有事の対応―

1 はじめに

近年、我が国においてESGに対する関心が増しており、これを経営指標に取り入れる企業も少なくない。もっとも、従来はその関心はE（Environment）およびG（Governance）に重きが置かれてきたように思われ、人権を含むS（Social）については、従業員の労務管理、サプライチェーンとの関係性、地域コミュニティや先住民族との関係性、贈収賄関連の取引の公正性等多岐にわたり、「E」および「G」の分野に係る活動等と比べてわかりにくさがあること[1]なども一因となって、ESGにおける他の事項と比べて関心は相対的に薄かったように思われる。

しかしながら、2011年の国連の「ビジネスと人権に関する指導原則」（以下「指導原則」という。）の策定をはじめ、欧米諸国では企業が人権に対して及ぼし得る影響力を踏まえた法規制の導入も進むなど、ESGの「S」に当たる「ビジネスと人権」分野への関心が急速に高まりつつある。

この「ビジネスと人権」分野への関心の高まりは、投資家や消費者においても認められるものであるため、企業は、人権が関係する危機管理の局面においては、迅速かつ実効的な対応を講じなければ、投資家および消費者からの信頼が毀損され、財務的にも大きな不利益を受け得ることになる。例えば、自社のバリューチェーン上の従業員に関し、児童労働などの人権の保護が十分に図られていない状態が存在することが判明すれば、ESGを重視する投資家の株式売却による株価の大幅な下落や、ESGへの関心が高い消費者の購買意識への悪影響、ひいては不買運動などに発展し、売上高の大幅な低下につながるおそれもある。

1）Slaughter and May, *Putting the 'S' into ESG,* available at:https://my.slaughterandmay.com/insights/client-publications/putting-the-s-into-esg

このように、「ビジネスと人権」という「S」の分野への取組みは、後述するような指導原則が求める企業としての人権尊重に関する責任を果たすという意義はもちろんのこと、それに加えて「E」や「G」に勝るとも劣らない重要な経営指標・経営課題として、企業価値にも大きく影響する喫緊の課題となりつつあるように思われる。

本章では、「ビジネスと人権」をめぐる近時の動向を概観し、「ビジネスと人権」の観点から求められる平時における取組み、および有事における対応方法について紹介する。

2　「ビジネスと人権」をめぐる近時の動向の概観

伝統的には、人権は、原則として国家政府に対して認められる権利ととらえられ、人権の保護およびその推進は基本的に国家の責務と観念されてきたが、企業の経済発展における役割の重要性が認識されるにつれて、企業活動が社会にもたらす影響について関心が高まり、企業に対しても、人権尊重に係る責任ある行動が求められるようになった。

そして、2011年、国連人権理事会は、指導原則を全会一致で採択し、国家の人権保護に係る義務に加えて、企業による人権尊重の責任を明確にし、尊重を要する最低限の人権や企業による具体的な人権尊重の方法を明らかにしている。

【図表1：企業が人権への影響を配慮すべき状況】

Cause
（人権への負の影響を引き起こしている）

✓ 自社店舗で顧客に対して人種差別的な対応を行う
✓ 自社施設で従業員が危険な労働を強いられる

Contribute
（人権への負の影響を助長している）

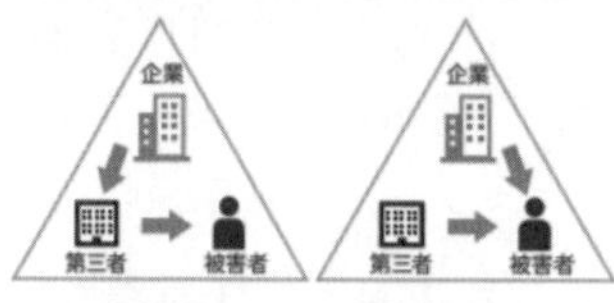

✓ 納品期限直前に注文内容を変更し、サプライヤー内の長時間労働を誘発
✓ 栄養価の偏った飲食物を子どもをターゲットに販売し、子どもの健康被害を誘発

Linkage
（人権への負の影響が、取引関係によって、企業の事業・製品・サービスと直接結びついている）

✓ 製造の下請企業が契約上の義務に反して作業を再委託し、児童労働が発生

（出典：法務省人権擁護局「今企業に求められる『ビジネスと人権』への対応　詳細版」7頁）

企業においては、かかる人権尊重の責任を十分に果たしていないとの疑いが生じた場合には、国際社会から批判を向けられることに加えて、関連

法令の違反や不法行為を理由とした法的責任の追及、また、ESGへの関心の高まりを背景として、投資家・消費者の批判を受ける事態につながるおそれがある。

【図表2：人権尊重の責任が果たされていないとの懸念が指摘された例】

対象企業	年月	概要
法的責任が追及された例		
米国IT企業5社	2019年12月	自社製品に利用するコンゴ民主共和国産のコバルトの調達に関し児童労働に加担しているなどとして訴訟を提起される[2]
米国食品企業7社	2021年2月	コートジボワールにおける児童労働に関連しているなどとして訴訟を提起される[3]
消費者による不買運動に至った例		
米国系アパレル企業	1997年	委託先の東南アジア工場で日常的に児童労働が行われていることが発覚したことを契機として不買運動に発展[4]
投資家による投資の引揚げ等につながった例		
英国アパレルブランド	2020年7月	主要仕入先工場において新型コロナウイルス感染対策が十分にとられておらず賃金が最低賃金を下回るなどの劣悪な環境で労働者を職務に従事させている旨の報道がなされ、これを契機にして主要株主による株式の売却および急激な株価の下落（3営業日で約42%超の株価の下落）が発生[5]

2）日本経済新聞2019年12月18日「米企業に集団訴訟、コバルト鉱山での児童労働で」

3）EcoWatch “Hershey, Nestlé, Mars and Other Chocolate Makers Named in Child Slavery Class Action Lawsuit”（2021年2月15日）。なお、上記訴訟はコートジボワールにおいて児童労働への従事を強いられた被害者によるクラスアクションという法律構成が用いられた事例であるが、2015年および2018年にも、同様の児童労働の問題を理由にカリフォルニア州およびマサチューセッツ州において訴訟が提起されていた（但し、これらの訴訟は、児童労働の事実が開示されていなかった点を不当とする消費者によるクラスアクションである。）。

4）デロイトトーマツ「人権を軽んじる企業には、1000億円以上失うリスクあり」（https://www2.deloitte.com/jp/ja/pages/strategy/articles/cbs/human-rights-2.html）によれば、これによって失われた1998年から2002年の売上高の累計額は約12,180百万ドルと算出されている。

5）This is Money.co.uk “Boohoo bounce: Rollercoaster for investors as shares surge 30% after the fast fashion giant saw its value nearly halve amid sweatshop scandal”（2020年7月10日）

日本においても、外国人技能実習生に関する低賃金・長時間労働等の問題が指摘されており[6]、各企業における外国人技能実習生に係る人権尊重が不十分であるとの批判がなされることが少なくない。

「ビジネスと人権」に基づく企業の人権尊重責任は、企業がその社会的影響力を適切に行使することで人権尊重を達成するという社会全体の要請によるものであるが、ESG に対する関心が高まった今日においては、かかる人権尊重の責任は、上記のとおり、対象地域における法令違反や訴訟を通じた責任追及に発展するおそれや、消費市場・資本市場における甚大な不利益といった企業活動への具体的な悪影響にも結びつき得る、具体的な事業上のリスクでもある[7]。

3 平時における取組み

(1) 取組みの視点

指導原則は、企業が人権尊重の責任を果たすために、その規模および置かれている状況に適した方針およびプロセスを設けることを求めており、かかる方針およびプロセスとして、大きく①人権ポリシー（コミットメント）、②人権デューディリジェンス（以下「人権 DD」という。）、③グリーバンスメカニズムを挙げている。

なお、日本における「ビジネスと人権」の取組みについては、近時その重要性を認識して着手を始めたという企業や、取組みを開始してまだ間もないという企業も一定程度存在するように思われ、社内における事例・ノウハウが十分に蓄積しておらず、具体的に何から手を付ければよいかわからない場合も多いように思われる。このような観点からは、外部の専門家と協働し、その専門知識を活用して取組みを進めていくことも考えられ、例えば、「ビジネスと人権」に関する取組みについてのコンサルティングを行っている NGO・NPO、弁護士その他の人権専門家、ESG 投資の要素を重要視する機関投資家等から助言を受け、定期的に協議する等しながら、

6）2021 年 6 月に公表された米国国務省の人身売買報告書（U.S. Department of State “2021 Trafficking in Persons Report”）においても、一部の業者が外国人技能実習制度を「外国人労働者搾取のために悪用し続けている」などの厳しい評価がなされている。
7）この点、2021 年 7 月 12 日に欧州委員会および European External Action Service によって公表された強制労働に係るデューディリジェンス・ガイダンス（“Guidance on Due Diligence For EU Businesses to Address the Risk of Forced Labour in Their Operations and Supply Chains”。以下「EU DD ガイダンス」という。）においても、デューディリジェンスの副次的な効果として企業の事業上のレピュテーションの保護および訴訟コストの削減が挙げられている。

人権ポリシー、人権DDまたはグリーバンスメカニズムの策定・構築・実施等をしていくことも考えられる。

⑵　平時における取組み①（人権ポリシーによるコミットメント）

指導原則によれば、企業は、“statement of policy”（以下「人権ポリシー」という。）を通じ、人権尊重の責任を果たすというコミットメントを明らかにすべきとされており、当該人権ポリシーについて、従業員、取引先、および企業の事業等に直接関わる他の関係者に対して企業が持つ人権についての期待が明記されていること、一般に公開されており社内外にわたり周知されていること、ならびに企業全体にこれを定着させるため必要な事業方針および手続の中に反映されていることなどの要件も明記されている。

人権ポリシーは、抽象的な内容となりがちではあるが、自社が人権尊重という責任をなぜ重要視しているのか、かかる責任を、どのような観点から、どのようにして果たしていくのかという基本方針を定めることは、人権に関する各活動の方針の基礎となるものである。そのため、人権ポリシーにおいて人権に関する各活動の基礎を策定し、コミットメントを明らかにすることは、「ビジネスと人権」に関する取組みの第一歩として、極めて重要である。

図表3が示すとおり、日本においても多数の企業が既に人権ポリシーを策定または策定を検討していることが窺われるが、未策定の企業も一定数存在するものと推察される。かかる企業は速やかに人権ポリシーの策定を通じて自社のコミットメント方針を明らかにすることが望ましく、また、既に人権ポリシーを策定している企業においても、当該人権ポリシーの内容が自社の企業理念や取組実態等に照らして適切なものといえるか、絶えず検証することが求められる。

【図表3：人権ポリシーの策定状況】

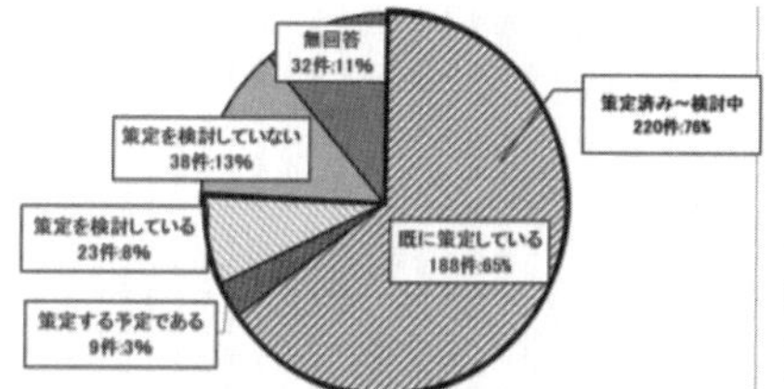

	規模 売上高5,000億円	
	以上	未満
既に策定している	77%	55%
策定する予定である	5%	1%
策定を検討している	5%	10%
策定を検討していない	2%	23%

（出典：経団連「第2回企業行動憲章に関するアンケート調査結果―ウィズ・コロナにおける企業行動憲章の実践状況―」26頁）

⑶ 平時における取組み②（人権 DD）

人権 DD とは、指導原則によれば、「人権への負の影響を特定し、防止し、軽減し、そしてどのように対処するかについて責任を持つため」に行われる手続をいい、その手続には、人権への影響の考量評価、考量評価の結果を踏まえた施策の実行、当該施策に対する反応の追跡検証、および当該人権に係る影響への対処方法に係る情報提供を含むべきとされている。

そこで、まず人権 DD 全体において留意すべき重要な点を検討した上で、人権 DD の具体的な内容および方法を紹介する。[8)]

ア 人権 DD の留意点

人権 DD は、DD という用語が用いられるものの、M&A 取引などにおいて行われる DD（以下「M&A DD」という。）とはその目的が根本的に異なり、したがって、その実施に際しても異なる視点を持つことが必要となる。

人権 DD を実施するに際してとくに留意を要する点としては、以下が挙げられる。

（ア）継続性

M&A DD は、M&A 取引等に係るリスクの査定を目的として単発的に行われる取組みであるが、人権 DD は、継続的な実施が求められる取組みである。その意味では、人権 DD はガバナンスやコンプライアンスの取組みと類似し、「終わりのない取組み」ということができる。

（イ）DD の対象となる「リスク」

M&A DD は、主に M&A 取引等を通じて自社が引き受けることとなるリスクを精査の対象とするのに対し、人権 DD においては自社の事業活動に関わる全てのステークホルダーに関する人権侵害リスクが精査の対象とされる。[9)]

（ウ）リスクベースアプローチ

人権 DD が対象とするリスクは企業のバリューチェーン全体におよび、その範囲は膨大となり得る。そのため、人権 DD を実施するに際しては、人権侵害リスクの深刻度等に応じたリスクベースアプローチをとって、ス

8）EU DD ガイダンスは、欧州企業に対し、サプライチェーン上の強制労働に係るリスクに対応すべく人権 DD を効果的に実施するための実用的なガイダンスを提供することが目的とされており、人権 DD の各ステップにおいて有すべき視点、考えられるリスク要素、および対応方法等、ならびに、各ステップに横断的に妥当する留意点（例えば、性別や信仰におけるマイノリティの差別の懸念や、原材料の産出地が不明である場合の留意点など）が具体的に挙げられている。当該ガイダンスの内容は、日本企業にとっても、人権 DD に関する先進国が多く存在する欧州の実務の到達点を理解し、人権 DD を導入・実施していく上で参考になると思われる。

コープ画定および情報収集方法の選択等において適切な優先順位付けが必要となる。

(エ) 必要とされる「コンプライアンス」の程度

M&A DD におけるコンプライアンスの観点からの確認は、(少なくとも法務デューディリジェンスにおいて必須とされるものは) 現地法令の遵守状況の確認が中心となるように思われる。これに対して、人権 DD は、企業が負う人権尊重への責任を果たすために求められるものであるところ、企業が尊重の責任を負う人権には、少なくとも、国際人権章典、ならびに、労働における基本的原則および権利に関する国際労働機関宣言で挙げられた基本的権利に関する原則において示された権利が含まれると解されている。これらの権利は、必ずしも世界の全ての国と地域において法令上権利として保障されているとは限らないため、人権 DD は、場合によっては、現地の法令遵守状況を超えて、これらの国際的に認められた人権が侵害されていないかが監査の対象となる場合がある。[10]

(オ) 協働の必要性

上記 (エ) 記載のとおり、人権 DD は時として法令遵守を超えた広い意味での「コンプライアンス」の確認が求められる場合があり、そのためにはステークホルダーが所在する国または地域の歴史的経緯、政治的、民族的その他の地政学的な背景も踏まえた検討が求められることがある。また、リスクベースアプローチをとるに際しては、これらの背景に加えて、児童労働等の人権侵害が類型的に起こりやすい産業や地域といった専門知識も踏まえたリスクの考量が必要となることもある。

M&A DD の実施に際しても、弁護士、会計士、税理士、環境アドバイザーその他の専門家と協働して、法務、財務、税務、環境などの多角的な

9) 法務省人権擁護局「今企業に求められる『ビジネスと人権』への対応　詳細版」8頁等。かかる観点から、人権 DD において検出される「リスク」は、経営判断における「リスクテイク」等の文脈で用いられる「リスク」とは質的に異なり、基本的にアップサイドを得るためにとることが許容される「リスク」ではないことに留意が必要である (OHCHR から公表されている "The Corporate Responsibility to Respect Human Rights – An Interpretive Guide" (以下「OHCHR ガイダンス」という。) においても、人権リスクはその是正に要するコストと当該リスクに責任を負うことの間の単純な cost-benefit analysis の対象とされるべきではない旨が指摘されている。)。人権 DD において検出された人権侵害への対応方法は多様であるため、被害を受けているステークホルダーがバリューチェーンに占める重要性等に応じた柔軟な対応が否定されるものではないが、かかる重要性を踏まえて取引関係を終了しない場合には、人権への負の影響を軽減するためにどのような施策が講じられているか等を適切に説明できることが重要である。

10) 例えば、一定の国家におけるステークホルダーとの関係では、表現の自由や結社の自由の保障状況など難しい問題に直面する場合もある。

検討が必要とされることが多いが、人権DDにおいても、上記のとおり専門的な知見が必要とされることが多いため、その効果的な実施のためには、人権専門家、人権NGO・NPO等との適切な協働によるノウハウの活用という視点が重要である。[11)]

イ　人権DDの内容および方法

人権DDは、大きく分けて、①人権ポリシーの策定および経営システムへの組込み、②人権への負の影響の特定・評価、③かかる負の影響の停止、防止および軽減等の施策の実施、④当該施策の実施状況および結果の追跡調査、⑤検出された負の影響への対応方法の報告の各ステップに分けられる。

【図表4：人権DDのプロセス】[12)]

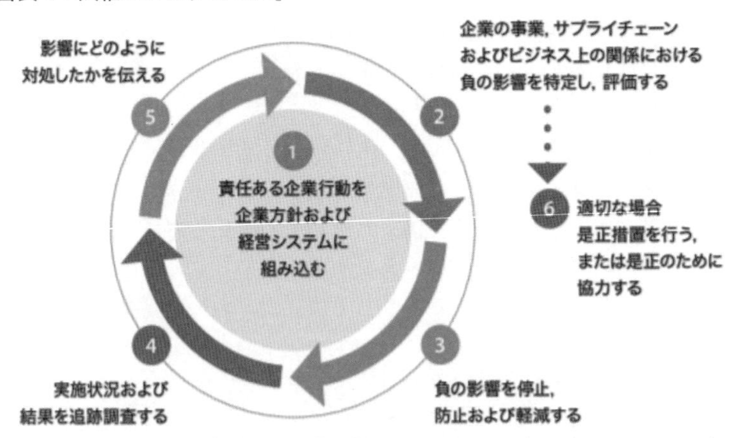

（出典：OECD「責任ある企業行動のためのデュー・ディリジェンス・ガイダンス」（以下「OECDガイダンス」という。）21頁）

（ア）人権ポリシーの策定および経営システムへの組込み

企業は、まず人権DDの出発点として、人権ポリシーを策定し、自社がどのような方針で人権問題に取り組むのかなどのコミットメントを表明し、

11）但し、人権DDは企業の基本方針そのものに基づいて実施されるべきものであり、また、人権DDにおける対話・協働を通じてステークホルダーとの信頼関係を構築していくことも効果的な人権への負の影響の防止、軽減および是正には必須であることから、人権DDの全プロセスを外部専門家に委託することは望ましい対応とは言い難い点に留意を要する（OHCHRガイダンス35頁）。

12）EU DDガイダンスにおいても、下図OECDガイダンス記載の人権DDの枠組みが用いられている。なお、本書においては、説明の便宜から、下図における「3. 負の影響を停止、防止および軽減する」と「6. 適切な場合是正措置を行う、または是正のために協力する」をまとめて説明する。

当該表明内容を周知することが必要となる。そして、当該人権ポリシーを経営システムに組み込むことで、今後の事業活動が当該コミットメントの内容に即して行われることを確保していくことが求められる。

（イ）人権への負の影響の特定・評価

「人権への負の影響の特定・評価」は、スコープの画定および人権への負の影響の分析のステップに分けることができる。

① スコープの画定

まず、人権DDをどの範囲で実施するのか、人権DDのスコープを画定することが必要となる。企業の事業活動は、バリューチェーンの先にある間接的な取引先の人権にも影響を及ぼす可能性があるため、人権DDの対象は、自社の事業活動に関するバリューチェーン全体におよび得ることとなる。したがって、企業は、取引先の事業状況、事業活動、関連製品、サービス等の考慮事項を踏まえ、「人権への負の影響のリスクが最も大きくなる分野」を特定し、これらを優先して取り上げられるように、人権DDのスコープを画定すべきである[13)]。

そして、かかる「人権への負の影響のリスク」の軽重は、下記（ウ）記載のとおり、当該影響の深刻さ、すなわち当該影響の規模、範囲および是正困難度から判断されることとなる。さらに、当該判断に際しては、上記ア（オ）記載のとおり、自社が有する内部リソースを踏まえた対応可能性を踏まえて、外部専門家との協働を図ることも効果的である場合が多い。

② 人権への負の影響の分析

スコープの画定後は、人権への負の影響を実際に特定するため、情報を収集するステップに移行することになる。情報の収集方法については、現地への実査、役職員へのインタビュー、アンケートによる報告など様々な方法が考えられるが、情報収集の対象となるバリューチェーン上のステークホルダーは膨大な数となる場合もあるため、リスクベースアプローチに基づいて、人権への負の影響のリスクが高い地域や事業内容を考慮に入れつつ、情報の収集方法を決定することが重要である。

情報の収集後は、当該情報を踏まえて企業が事業活動を通じて企業が及ぼす人権への負の影響を分析する。下記（ウ）記載のとおり、当該影響の軽減等のための施策は、主に当該影響の深刻さに応じて決定されることになるため、収集した情報を踏まえて人権への負の影響の深刻さを分析する

13）EU DDガイダンスにおいては、スコープ画定において考慮すべき強制労働に関するリスクとして、カントリーリスク、移民および雇用形態（通常とは異なる雇用形態等）に関するリスクならびに負債に起因するリスクの具体例がそれぞれ挙げられている。

ことが必要となる。[14)15)]

（ウ）人権への負の影響の停止、防止および軽減等の施策の実施

人権 DD の目的は、自社の事業活動が及ぼす人権への負の影響への対応に責任を持つ点にあるため、リスク分析を踏まえて検出されたリスクの防止または是正を図ることが必要となる。したがって、「デューディリジェンス」という用語が一般的に持つ調査までのプロセスといったイメージとは異なり、人権 DD は、負の影響が既に発生している場合には、速やかにその停止や改善を図るとともに、また、各種のステークホルダーとの対話や協働を通じてリスクの防止・是正を図ることが必要になるという点に留意を要する。

企業は、事業活動が人権に及ぼすあらゆる負の影響に同時かつ完全に対処することはできない場合もあるが、かかる場合には、優先順位をつけ、最も深刻な人権への影響から軽減等に努めることが必要となる。そして、人権への影響の深刻さは、当該影響の規模、範囲および是正困難度によって判断される。

講じる施策は軽減等に努める人権への負の影響により個別具体的に検討することが必要となるが、例えば、体制変更その他の社内制度の改善措置、code of conduct 等の自社基準の遵守の徹底（取引先への遵守に係る誓約書の定期的な差入要求などを含む。）、研修・教育活動の実施（取引先への研修も含む。）、監査権限の強化、長期契約および今後の発注の約束等の取引上のインセンティブの設定などが考えられる。[16)17)]

14）EU DD ガイダンスにおいては、リスクが高いサプライヤー等が存する場合について、当該サプライヤー等に関して行う情報収集の具体的な方法が紹介されている。

15）なお、一般的なリスクマネジメントにおいては、検出されたリスクが（顕在化していない）潜在的なものである場合には、深刻さに加えて発生可能性が重要な考慮要素となることが多いが、人権リスクの場合には、深刻度が大きいものについて、発生可能性が低いとしても、当該リスクの軽減等の優先順位が劣後するとは限らない点に留意が必要である（OHCHR ガイダンス 83 頁）。

16）EU DD ガイダンスにおいては、強制労働リスクに実際に対応するに際しての視点および具体的な方法が紹介されている。とくに、国家レベルで強制労働が行われている場合についての対応方法（政府への働きかけ方など）についても言及がなされるなど、注目される。

17）なお、M&A DD においては、深刻なリスクが判明した場合の最も端的な対応方法は検討されている M&A 取引等を中止することであるが、人権 DD の場合には、その目的が自社の事業活動が及ぼす人権への負の影響への対応に責任を持つ点にあることから、深刻なリスクが判明したステークホルダーを自社のバリューチェーンから排除すれば足りるとは限らず、当該リスクを踏まえて実施できる対応を検討し改善に努めることが求められる。具体的には、指導原則においては、検出された人権への負の影響を軽減等することができる影響力を有している場合には、当該影響力を行使して人権侵害に係る状況を改善することが求められており、取引関係の終了という手段は、かかる影響力を有していない場合で、かつ取引関係の終了によって生じ得る人権への負の影響を適切に考慮した上で、講じられるべきとされている。

（エ）施策の実施状況および結果の追跡調査

検出された人権への負の影響に関し、その軽減等を図る施策を講じた後も、継続して、当該施策の実施状況および有効性を追跡調査することが必要である。具体的な追跡調査方法は、企業の事業環境、規模および対象とした人権リスクの内容にもよるが、例えば、バリューチェーン上の各当事者への定期的なヒアリングまたは監査、サプライヤーの役職員または労働組合からの意見聴取、グリーバンスメカニズムにおける意見内容の確認等によって、各施策が計画どおりに実施されており、有効に機能しているかを確認することが考えられる。

さらに、当該追跡調査の結果、施策が十分に実施されていないまたは必ずしも有効な効果を生じていないことが確認された場合には、かかる結果を踏まえて、施策の内容を修正することで、企業の人権DD全体のプロセスを絶えず改善していくことが望ましい。

（オ）検出された負の影響への対応に関する報告

企業は、その事業活動が人権に及ぼす影響への対応方法について責任をとるため、当該対応方法を外部に報告し、説明責任を果たすことが求められる。報告の具体的な態様としては、対面またはオンラインの会議または面談等の関係者間の報告から、年次の人権報告書やサステナビリティ報告書等の正式な公開報告書による報告など様々な方法が考えられ、対象となっている影響の内容および性質等を踏まえ、適切な方法を選択することが重要である。[18]

また、近時は、ESG投資への関心の高まりから、機関投資家によってESGに関するエンゲージメントが積極的に行われている。機関投資家は同一産業に属する複数の企業とエンゲージメントを行うなどして、当該産業における人権分野の問題点や実務の到達点などについて有益な知識・情報を有していることも多いため、人権への負の影響への対応方法等について機関投資家との間でコミュニケーションを図ることで、有益なフィードバックを得られることも少なくないように思われる。

さらに、人権への負の影響への対応がNGO・NPOによる指摘を契機とする場合には、当該対応に関する報告を当該NGO・NPOに対して行い、対話・協働を促進することも考えられる（下記4(5)を参照）。

18）なお、かかる報告に関し、独立した第三者による検証を経ることで、その内容および信頼性を強化することも考えられる。

ウ　人権DDに関する法令整備の状況[19]

以上が人権DDにおける留意点およびその具体的な内容であるが、近時は、「ビジネスと人権」に対する国際的な関心の高まり等から、人権DDの実施を促進し、または義務付けるハードローおよびソフトローの整備が進められている。

(ア) 海外における主要な規制等

まず、開示規制の代表的な例として、英国およびオーストラリアの現代奴隷法が挙げられる。これらの法令においては、英国またはオーストラリアの各地域で事業を行っていることおよび一定の売上高ないし収益があることを条件として、現代奴隷に関する対応状況等の開示が求められる[20]。また、米国カリフォルニア州のサプライチェーン透明法においても、カリフォルニア州で事業を行い、全世界で年間1億ドル以上の総収入を得ている企業は、サプライチェーンの検証状況等を記載した報告書の開示が義務付けられている。

次に、人権DD自体を義務付ける規制として、フランスの人権デューディリジェンス法、オランダの児童労働デューディリジェンス法およびドイツのサプライチェーンデューディリジェンス法が挙げられる。これらは、各国において一定数の従業員を有する企業[21]に対し、人権への負の影響の調査およびアクションプランの策定・実行ならびにその報告を義務付けるものであり、英国およびオーストラリアにおける現代奴隷法とは異なり、人権DD自体の実施を義務付ける点に特徴がある[22]。さらに、EUレベルの動向として、2021年3月10日、欧州議会において、バリューチェーンにおける人権および環境に関するデューディリジェンスの実施に係る法案の提

19) 本項記載の法令等に関する情報は、2021年7月末日時点の情報である。近時、「ビジネスと人権」に関する法令等は、社会における関心の高まり等を受けて非常に活発に制定・改正されているため、法令改正等の動向については注視ししていくことが必要である。

20) なお、英国の現代奴隷法については、2021年6月15日に改正法案が貴族院に提出されており、①独立反奴隷コミッショナー（Independent Anti-Slavery Commissioner）に対する、情報開示と透明性の要求を満たさない企業への警告権限の付与、および、②罰則の導入を内容としている。

21) 但し、オランダの児童労働デューディリジェンス法については、オランダ内のエンドユーザーに対して商品の売買またはサービスの提供を行う全ての企業。

22) 但し、オランダの児童労働デューディリジェンス法は児童労働の利用の有無に、ドイツのサプライチェーンデューディリジェンス法は基本的に自社および一次サプライヤーまでに、人権DDの対象が限定されている。もっとも、オランダにおいては、2021年3月に、児童労働デューディリジェンス法よりも広範な義務を定める「責任ある持続可能な国際事業活動に関する法案」が提出されており、当該法案が成立すると、児童労働に限らないバリューチェーンにおける人権、労働者の権利、環境への悪影響についても、デューディリジェンスの実施が義務付けられることとなる。

出を求めるイニシアティブレポートが可決されている。今後、欧州委員会がこの点に関する法案を提出することが予想されるところ、当該法案が当該イニシアティブレポートに即した内容となるとは限らないものの、その内容によっては、人権DDの実施に関する法制化の動きがより加速することが想定される[23]。こうした開示規制や人権DD等を義務付ける規制等は、上記以外の他の法域等でも制定の動きがみられており、今後はより多くの法域で同種の法制が導入されていくことが予想される。

さらに、人権DDを直接の内容とする規制ではないが、米国においては、人権侵害を理由とする制裁に関する規制について、近時の新疆ウイグル自治区における人権侵害の指摘などを背景に当該制裁発動の議論が活発になされている。具体的には、深刻な人権侵害に関与等した者およびこれらの行為者を実質的に支援等した者（非米国企業・人を含む。）に関し、刑事罰および行政罰ならびにビザ発行禁止処分等の対象とするグローバル・マグニツキー人権責任法や、強制労働等によってその全部または一部が製造された製品の米国内への輸入を禁止する米国関税法307条に基づく輸入規制[24]、輸出管理規則に基づく輸出・再輸出規制[25]等が挙げられる。

（イ）日本における主要な規制等

他方、日本においては、人権DDの実施またはその開示を義務付ける法律その他のハードローは、現時点では存在しない。もっとも、2020年10月公表の国別行動計画において、企業の人権DDの実施への「期待表明」が行われており、さらに、2021年6月改定のコーポレートガバナンス・コードにおいては、補充原則2—3①にて「人権の尊重」への言及が追加されている[26]。

このようなソフトローの整備状況・動向を踏まえると、人権DDに関す

23）EU DDガイダンスによれば、欧州委員会が現在検討している法案において、人権および環境に関するデューディリジェンス（強制労働に係るリスクに関するデューディリジェンスを含む。）の義務が導入されるとのことである。

24）米国税関長は、同条に基づき、かかる製品の輸入について違反商品保留命令（Withhold Release Order）を発し、当該輸入を差し止めることができるとされている。

25）米国商務省（U.S. Department of Commerce）が公表するエンティティリストに掲載された企業に対し、一定の製品を輸出および再輸出等するためには、原則として許可が必要とされる。米国商務省は、2021年7月10日付で、新疆ウイグル自治区における人権侵害を理由として、中国企業14社を当該エンティティリストへ掲載している。

26）また、経済産業省は、2021年7月、児童労働や強制労働等のサプライチェーンにおいて生じ得る悪影響を念頭に、繊維業界における責任あるサプライチェーン管理のため、デューディリジェンスのガイドライン策定の提言などを含む報告書を公表している（経済産業省製造産業局生活製品課「繊維産業のサステナビリティに関する検討会報告書～新しい時代への設計図～」(2021年7月))。

るハードローは未だ存在しないものの、日本においても、国際的な人権DDの関心の高まりを踏まえた対応への事実上の要請は、今後も一層強まっていくことが想定される。

(4) 平時における取組み③（グリーバンスメカニズム）

ア グリーバンスメカニズムの目的

典型的な人権侵害への是正の方法としては、強制執行力を有する司法的救済が考えられる。しかしながら、人権侵害が行われている国家の司法的救済については、当該国家の法制度上、当該人権が法的な権利として認められていない可能性もあるし、新興国などにおいては司法インフラが十分に整備されていない可能性もある。このような場合には、当該国家における司法的救済プロセスによって人権侵害の是正が図られることは期待できないことも少なくない。もっとも、被害者が、自己の人権侵害について、自己が従事する事業のバリューチェーン上に位置する先進国の企業が影響を及ぼしているなどとして、当該企業が存在する国家における司法的救済を求めることも、裁判管轄が認められるのか、認められたとしてどのように強制執行を行うのかなどの困難な問題を生じさせる可能性がある。このように、企業の事業活動がもたらす人権への負の影響の是正は、司法的救済の枠組みでは困難な可能性がある。

かかる観点から、企業が影響力を有する人権侵害に早期に対処し、直接救済するため、企業による苦情処理手続（グリーバンスメカニズム）の構築が求められる[27]。

また、グリーバンスメカニズムの構築・運用は、企業が継続的に実行している人権DDの一部として、人権への負の影響の特定（さらにはステークホルダーとの良好な関係性の構築）にも資するものであり、この点もグリーバンスメカニズムの目的といえる。

なお、グリーバンスメカニズムと混同されやすい制度として、内部通報制度が挙げられるが、両者はその目的・対象において区別することが必要である。内部通報制度は、一般に、従業員が企業の法令・規則違反や倫理規範違反等に関して通報することを可能とするものであり、必ずしも従業員の利益保護のみを目的とするものではなく、その関心は企業の健全な運営など企業レベルに向けられる場合も多い。これに対し、グリーバンスメ

27）日本の国別行動計画においても、日本企業に対し効果的なグリーバンスメカニズムの構築を期待する旨が表明されており、グリーバンスメカニズムの構築に対する期待・要請は今後一層増していくことが予想される。

カニズムは個々のステークホルダーの権利侵害を是正することを直接的に目的とするものであり、企業の法令・規則違反や倫理規範違反等を要件とするものでもない。さらに、企業はその事業活動によって、当該企業のグループ内における従業員のみでなく、取引先や二次・三次サプライヤーなど直接の取引関係を有さないバリューチェーン上のステークホルダーの人権にも負の影響を及ぼす可能性があるため、グリーバンスメカニズムは企業と資本関係を有するグループ内のみでなく、そのバリューチェーン全体を、苦情処理の範囲に含ませることが求められる。この点も、一般にグループの従業員を対象とする内部通報制度との相違点となる。

イ　指導原則の要請

グリーバンスメカニズムは、適切に構築・運用されれば人権侵害の早期対処・直接救済の実現を可能とし、また、人権DDにおける人権への負の影響の特定にも資することとなる。しかし、他方で、不適切に構築・運用されると、人権侵害が（実際には是正されないにもかかわらず）是正されるという「期待」のみを生じさせ、ひいては、ステークホルダーの不安を募らせ、人権侵害に係る懸念をかえって増大させる可能性すらある。

そこで、指導原則は、グリーバンスメカニズムについて、その実効性を確保するために、図表5記載の8つの要素が具備されていることを要すると定める[28]。

【図表5：指導原則が求めるグリーバンスメカニズムの8要素】

No.	要素	内容
1.	正当性がある	利用者であるステークホルダー・グループから信頼され、苦情プロセスの公正な遂行に対して責任を負う。
2.	アクセスすることができる	利用者であるステークホルダー・グループすべてに認知されており、アクセスする際に特別の障壁に直面する人々に対し適切な支援を提供する。

28）指導原則31項。

3.	予測可能である	各段階に目安となる所要期間を示した、明確で周知の手続が設けられ、利用可能なプロセスおよび結果のタイプについて明確に説明され、履行を監視する手段がある。
4.	公平である	被害を受けた当事者が、公平で、情報に通じ、互いに相手に対する敬意を保持できる条件の下で苦情処理プロセスに参加するために必要な情報源、助言および専門知識への正当なアクセスができるようにする。
5.	透明性がある	苦情当事者にその進捗情報を継続的に知らせ、またその実効性について信頼を築き、危機にさらされている公共の利益を守るために、メカニズムのパフォーマンスについて十分な情報を提供する。
6.	権利に矛盾しない	結果および救済が、国際的に認められた人権に適合していることを確保する。
7.	継続的学習の源となる	メカニズムを改善し、今後の苦情や被害を防止するための教訓を明確にするために使える手段を活用する。
8.	エンゲージメントおよび対話に基づく[29]	利用者となるステークホルダー・グループとメカニズムの設計やパフォーマンスについて協議し、苦情に対処し解決する手段として対話に焦点をあてる。

ウ　グリーバンスメカニズムの構築

指導原則がグリーバンスメカニズムに求める要素は上記イ記載のとおりであるが、現実にこれらの要素を全て満たすメカニズムを一企業が単独で構築・運用することは必ずしも容易ではない。例えば、これらの要素をすべて満たしたグリーバンスメカニズムを導入するためには、（グループ会社や直接の取引先に含まれない者も含めた）バリューチェーン上の全ステークホルダーを対象として、苦情の受入れ・解決のための対話等および情報提

29）本要素は、企業による非司法的救済手続としてのグリーバンスメカニズムに求められるものであり、国家による非司法的救済手続に適用されるものではないとされている。

供を各地の言語も用いて低廉なコストで行えるようにし（「アクセスすることができる」）、合理的な所要期間を示しかつ定期的にそのレビューを行い（「予測可能である」）、苦情の申立てを行うステークホルダーに十分な情報提供を（現地言語による提供も検討の上）実施し（「公平である」）、ステークホルダーとの対話により苦情を処理し（「エンゲージメントおよび対話に基づく」）、適時に処理の状況や結果を周知し（「透明性がある」）、かつ、苦情の受入れおよび対応の状況を社内でモニタリングして事業部との協議等を通じてその適切性を評価し都度改善を図る（「継続的学習の源となる」）などすることが必要となる可能性もある。このようなメカニズムの構築に要する金銭的、手続的その他のコストを考慮すると、かかる体制を独自に導入していくことに躊躇を覚える日本企業の数は少なくないように思われる。

この点、自社のみでグリーバンスメカニズムを構築することが難しい企業にも考えられる実務上の対応として、NGO 等が構築するグリーバンスメカニズムへの参加や自社で構築したグリーバンスメカニズムの窓口として NGO を指定するなど、外部の第三者との協働によりステークホルダーへのグリーバンスメカニズムを提供することも検討に値する[30]。

4 有事における対応[31]

(1) 有事の端緒

人権侵害の懸念が判明する端緒としては、様々なものが考えられる。人権 DD を通じて企業が自ら自社の事業活動が人権に負の影響を与えている可能性を認識する場合もあれば、グリーバンスメカニズムを通じてステー

30）日本においても、ビジネスと人権ロイヤーズネットワーク（BHR Lawyers Japan）および国連グローバル・コンパクト・ネットワーク・ジャパンが、公益財団法人笹川平和財団の支援を受け、「対話救済プロジェクト」の発足を予定しており、注目される。当該プロジェクトにおいては、日本企業等が苦情を申し立てられた際に、当事者の合意に基づき任意に専門家（仲介委員）を選定し、当該専門家の関与の下で、対話による苦情に係る紛争解決を図ることが想定されている（蔵元左近「企業・ステークホルダー間の相互理解と対話を促進『問題解決メカニズム』設置・運用時の重要ポイント」ビジネス法務（2021 年 5 月号）等）。また、近時、日本の業界団体においても、企業横断的な取組みとしてグリーバンスメカニズムの仕組み作りを始める動きも見られており、注目される。この点、指導原則も、グリーバンスメカニズムについて、「一企業単独でまたは関連ステークホルダーを含む他社との協力の下で運営される」と定めており（29 項）、また、（協働型の取組みで人権に関連する基準の尊重を基礎にするものに関し）実効的なグリーバンスメカニズムを備えているべきと定めていることから（30 項）、複数の企業がグリーバンスメカニズムに共同して参加することは否定されておらず、むしろ実務上あり得る選択肢として想定されている（OHCHR ガイダンス 72 頁も参照）。

31）新興国における人権問題への有事対応については、森・濱田松本法律事務所編『企業危機・不祥事対応の法務〔第 2 版〕』（商事法務・2018 年）493 頁以下も参照。

クホルダーの苦情申立てを受ける場合や、NGO、NPOまたは報道機関等の第三者による指摘[32]を通じて認識するに至る場合、人権侵害が関連する事故の発生が契機となる場合[33]もある。

もっとも、どのような端緒によって人権侵害の懸念が判明したとしても、迅速かつ適切に当該人権侵害の有無を確認し、人権侵害の事実が確認された場合には速やかにその是正および再発の防止を講じるべきという点には変わりはない。そして、かかる対応を実効的に行うためには、以下のとおり、上記3記載の各取組みを平時から十分に行っていることが重要となる。

(2) 初動対応

人権問題に係る有事の初動対応としては、まず状況を確認し、今後の対応方針を決定することが必要となる。人権侵害への対応の優先度は深刻度を主要な指標として決定されるべきであるところ、有事対応の局面においても、判明した人権侵害のおそれの深刻度を確認し、これに応じて対応方針を決定することが考えられる。

例えば、NGO等の第三者による指摘によって人権侵害の懸念が判明した場合には、当該第三者との間でコミュニケーションをとって、当該指摘がどの程度の確度のある情報に基づくものであるか、どういった事前調査に基づくものかを確認し、対応の緊急性や今後の調査の範囲を決定することが考えられる。また、グリーバンスメカニズムの中でステークホルダーから苦情申立てが行われた場合についても、同様に、当該ステークホルダーとのコミュニケーションにより状況を把握していくことが典型的な初動対応になると思われる。さらに、事故の発生等が端緒となった場合には、当該事故の概要、および当該事故に関連する人権問題と自社の事業活動の間の関連性等が重要な確認事項になると考えられる。

いずれの場合においても、人権侵害の懸念に関連するステークホルダーとのコミュニケーションにより状況・実態を把握することが必要である。この点、人権問題は、自社のグループ内に限らないステークホルダーにおける問題について対応が必要となることがあるため、日ごろから適切なサ

---

32) さらに、近時のESG投融資への関心の高まりを背景として、機関投資家がNGOらと協働して企業の人権尊重に係る状況を調査し、エンゲージメントを行うことが端緒となる場合も考えられる。

33) 例えば、2013年にバングラデシュ人民共和国において、大手アパレルブランドのサプライヤーが多数テナントとして入っていたラナ・プラザビルが倒壊し多数の死傷者を出した事件は、当該事件を契機として各アパレルブランドのサプライヤー管理という人権問題が注目されるに至った。

プライチェーンの管理をしていないと、当事者たるステークホルダーの連絡先やコミュニケーションの窓口などが明らかでなく、そもそもコミュニケーションを開始するまでに時間を要してしまうといった事態も生じ得る（とくに、NGOや報道機関等の第三者による指摘は、詳しい調査を事前に経た上で、相応の確度をもってなされることが多く、緊急の対応を迫られる可能性もあるため、平時における十分な取組みなしには、実効的な対応を図ることは困難であると思われる。）。

したがって、平時から人権DDなどを通じて、自社グループに限らないステークホルダーとの間で協働・対話の機会を設けて、コミュニケーションのチャンネルを確保しておくことが重要である。

(3) 調査

人権侵害の局面においては、①調査対象が自社と直接の取引関係にないバリューチェーン上のステークホルダーとなり得る点、および②現地法令上求められるコンプライアンス以上の内容の確認が必要となり得る点が特徴的である。

まず、①については、上記(2)記載のとおり、調査の対象となるステークホルダーとコミュニケーションを開始するまでにそもそも時間を要してしまうといった事態が生じないように、日ごろの人権DD等を通じて適切なサプライチェーンの管理をしておくことが重要である。また、有事においては、人権侵害の懸念があるステークホルダーからは任意の協力を得られない可能性もあるため、かかる可能性に備え、ステークホルダーとの間の契約に監査権や報告要請権などの条項を規定することも考えられる。

また、②については、人権侵害の懸念に係る調査が現地の法令遵守の確認以上の内容となる場合には、人権侵害の懸念があるステークホルダーに対して、現地の法令遵守では足りない点などを説明することも必要となり得る。もっとも、かかる説明には、現地の取引慣習や文化なども踏まえたノウハウが求められる可能性もあり、多くの国および地域における人権問題のノウハウを有しているNGO等と協働することも検討に値する。

(4) 公表

まず、人権DDやグリーバンスメカニズム等の自社のプロセスにおいて人権侵害の懸念が検出された場合には、そもそも公表をするかを検討することが考えられる。これらの場合においては、深刻度に乏しくかつ迅速に対応して是正を図ることができたようなときは、被害を受けたステークホルダーとの協議の結果等によっては、公表まではしないという選択肢もあり得るように思われる。[34)]

次に、NGOや報道機関等の第三者によって指摘がなされた場合には、公表の当否、内容および時期等については、基本的に企業側でコントロールすることができない場合が多いように思われる。かかる場合において、当該第三者による一定の公表が予定されているときは、当該第三者とのコミュニケーションを通じて、公表内容が事実を不当に誇張するような内容とならないように働きかけを行うと同時に、当該公表の時期を踏まえて、自社の認識、対応状況および今後の方針等を公表することの是非を検討することが考えられる。他方で、企業において第三者による公表の時期を把握できず、第三者において突如人権侵害の懸念に係る公表がなされる場合もある。かかる場合においても、資本市場および消費市場が当該公表内容のみによって不当な影響を受けないよう、迅速に自社の認識等を公表するなど公表の時期および内容の検討が重要である。[35)]

⑸ 関係者対応

人権侵害に係る懸念の発覚の端緒が、NGO等の第三者による指摘にある場合には、当該第三者に対してどのような対応を図るかも検討が必要である。とくに、NGOやNPOは、人権侵害に係る懸念の公表による企業の批判を目的としているのではなく、企業への指摘によって当該人権侵害の状況の是正・改善を図ることを真の目的としているはずであるため、NGOまたはNPOの指摘を端緒として人権侵害の懸念が発覚した場合には、当該NGOまたはNPOの協力を求めつつ、共同して当該人権侵害に対応を図っていくことが効果的な場合もある。さらに、上記⑶記載のとおり、現地法令の要請以上の対応を要するような局面においては、企業にも知識、経験およびノウハウ等が不足していることも多いため、NGO等との協働が有益となる場合が多いように思われる。

なお、ステークホルダーからグリーバンスメカニズムを通じて苦情の申入れを受けた場合にも、当該ステークホルダーとの対話（場合によっては独立した第三者による解決プロセス）を通じて解決を図ることとなるが、グ

34）もっとも、ステークホルダーの苦情申入れを契機とする場合には、被害を受けた当該ステークホルダーが報道機関等に苦情を持ち込み、当該苦情が報道されるなどの可能性もあるため、ステークホルダーとの対話の内容も踏まえて公表の是非を判断することが必要となる。

35）上記2.記載の2020年7月における英国アパレルブランドの事例においては、人権侵害の懸念に係る報道から3営業日で時価総額が約42%下落しており、当該事例からも、迅速な検討の重要性は明らかである。

リーバンスメカニズムが適切に構築・運用されていれば、かかる解決はまさにグリーバンスメカニズムの一内容になる。

さらに、NGOや人権侵害の被害を受けているステークホルダーが人権侵害の懸念を政府機関等に訴えたような場合には、当該政府機関等への対応も必要となる。加えて、国家による人権侵害の懸念が示されている場合には、当該人権侵害の状況確認および人権侵害の是正には、当該国家の政府との折衝も必要となる可能性がある。[36)]

(6) 処分・再発防止策

人権侵害が自社グループにおいて生じている場合で、当該人権侵害行為が法令または自社の内部規則等に違反する場合には、懲戒処分等の法的措置を検討することが考えられる。他方、法令または内部規則等の違反には至っていないが、国際的に認められている人権が十分に尊重されていない可能性がある場合には、懲戒処分等による法的責任の追及にはなじまず、社会的・道義的責任の問題というべき場合も多いように思われる。

また、サプライヤー等の自社グループ外のステークホルダーにおいて人権侵害が生じた場合には、当該サプライヤー等の責任追及の当否を検討することが考えられるが、現地法令に違反していない可能性がある場合には、かかる責任追及が困難な可能性がある。そのような可能性に備えて、契約上の責任関係を明確にしておくべく、取引契約において、国際的な人権規範の遵守に係る表明保証や、code of conduct等の基準の遵守を規定しておくことも考えられる。なお、契約上の責任追及の具体的な内容としては、損害賠償および解除が考えられるが、人権侵害を理由とした取引の中止の判断は慎重に行うことが必要である（人権侵害への対応方法および再発防止

36）近時では、ミャンマーにおいて、2021年2月のクーデターが発生して以降、現地の人権状況を巡り国際的にも強い批判がなされ、人権の観点から難しい判断を迫られている企業も少なくない。また、新疆ウイグル自治区においても、米国政府によって2021年7月13日に中国政府による強制労働等を理由として同自治区における事業に係るリスクが警告されており、人権の観点からの対応が必要とされている。これらの事例においては、国際的な批判や欧米の制裁等に対応する必要もある一方で、現地政府等が発動する対抗措置等の関係でかかる対応をとることができなかったり、または、かかる対応をとることでいずれにしても現地政府等との関係性が悪化することや、現地の人権状況をより悪化させることにも繋がったりするため、日本企業としては「板挟み」の状況に陥る可能性も大きくなっており、非常に難しい対応が迫られるようになっている。これらの対応は必ずしも一律の正解があるものではなく、ケースバイケースでの対応を迫られることになるが、いずれにしても実務上重要となる点は、自社の人権ポリシー・人権プログラムの考え方等にもしたがって、一貫性のあるぶれない対応をすることである（指導原則16項の解説においても、「企業は、人権を尊重する責任とその広範な企業活動や取引関係を管理する方針および手続に一貫性を持たせるよう努力する必要がある」旨が記載されている。）。

策等については、上記３(3)イ（ウ）も参照されたい。)。

第10章

ESGと独禁法・競争法[1]

1　はじめに

本書の他の章で様々に論じられているとおり、ESGやSDGs、サステナビリティは企業の事業活動において重要性を増しており、それに伴い企業法務とも様々な側面で関わりを持つに至っているが、これまでのところ、日本国内においては、企業活動におけるESGに関し、私的独占の禁止および公正取引の確保に関する法律（以下「独禁法」という）・競争法の観点から検討しようとする試みはそれほど行われていないように思われる。

しかし、企業によるESGへの取組みについて、独禁法・競争法の観点からの検討が不要ということはなく、こうした取組みについて、独禁法・競争法の観点からの検討が必要と思われる場面も容易に想定できる。現に、欧州においては、ESGへの取組みと競争法との関わりについて近時多くの議論が行われている状況にある。

そこで、以下では、企業によるESGへの取組みに際し、独禁法・競争法の観点が問題になるのではないかと思われる場面をいくつか具体的に想定して簡単な考察を加えるとともに、当該トピックに関して先行して議論が行われている欧州を中心とする海外の動向および日本国内における関連した議論に触れ、企業活動におけるESGに関し、独禁法・競争法の観点からどのような点に留意すべきかという点を概説する。

2　問題の所在

独禁法・競争法は、自由で公正な競争を確保し、需要者や消費者の利益

1）本章は、高宮雄介＝高橋尚子「サステナビリティへの取組みと独禁法・競争法―諸外国及び日本の動向を踏まえた企業の事業活動への示唆」NBL1200号（2021）94頁をもとに、加除修正を行ったものである。

を図ることを目的とするものである（独禁法1条）。これに対し、環境や社会、経済の観点から持続可能な世界を目指すというESGの取組みは、いわば社会経済全体として中長期的に追求すべき目標ということになる。このように独禁法・競争法が追求する価値とESGへの取組みが追求する価値とは、必ずしも完全に一致するものではない。そこで、企業がESGの考え方を尊重した事業活動を推進する過程で、ときには独禁法・競争法の観点からは必ずしも正当でないと考えられる状況が生じることがありうる。たとえば以下のような設例が考えられる。

（設例1）

α1社は化学製品Aの製造販売を行う国内最大手の事業者であり、同じく大手事業者であるα2社、α3社と合わせて国内市場シェアの8割を占める。製品Aの製造プロセスは環境に与える負荷が高いため、3社はここ数年、株主やアナリスト、製造拠点の周辺に居住する住民等から、環境に配慮した経営を行うよう圧力を受けている。

こうした中、α1社は製品Aの製造プロセスにおける環境負荷を減らすことは業界の盟主である自社の責任であると考え、環境負荷の高い旧世代の製造設備については順次閉鎖することを決定した。また、α1社は製品Aの事業者団体の幹事会社であるところ、他社が旧世代の設備の稼働を続けるのであれば環境負荷の削減は実効性を欠くため、業界の足並みを揃えることが最良と考え所管官庁に相談した。

その結果、所管官庁の担当者同席のもと、業界として製品Aの旧世代の製造設備の閉鎖によって環境負荷の低減を実現する目的で3社の担当者が一堂に会する打ち合わせが開催された。打ち合わせの冒頭、α3社の担当者はこの打ち合わせは独禁法に抵触するのではないかとの問題提起を行った。

（設例2）

β1社は消費者向け製品Bに関して世界の8割近くのシェアを有する事業者である。同社は先進的な技術の導入と原材料の大量購入を通じ、良質な製品を低コストで供給する環境を整えており、世界中の消費者から高評価を得ている。β1社は企業の社会的責任を重視した経営を旨としており、各国の事業所では良好な雇用環境が維持されている。

β1社の競合企業β2社は、最近製品Bの製造販売に参入した。β2社の製品はβ1社と比較してわずかに安価だが品質は大きく劣り、消費者からの評価は分かれている。β2社の低価格は、低開発国において少数民族や児童を劣悪な環境の中、非人道的な待遇で長時間労働させるという生産手法によって実現されている。

β1社は、β2社の事業活動が無制限に拡大することはESGの観点から看過できないと考え、製品Bの流通事業者に対し、同製品を取り扱うに当たっては製造過程にも注目するよう働きかける経営戦略をとることとした。これに対しβ2社は、β1社の対応は競争法・独禁法に違反する行為であるとして日本を含む各国の競争当局に申告を行った。

（設例3）

γ1社は富裕層向けに高級雑貨を販売するインターネット事業者であり、環境保全や廃棄物削減などESGの観点に配慮した雑貨を取り揃えることで、国内における富裕層向けの高級雑貨のインターネット販売事業において7割のシェアを獲得していた。γ1社に高級雑貨を納入する事業者の多くは、γ1社との取引は、自社製品の販売拡大が期待できる上に他の取引先からの信用も高まるため、事業戦略上重要と考えていた。

γ1社は、ESGの観点に配慮した雑貨を取りそろえるという自社の特徴をさらに強化し、競合事業者との差別化を図るため、商品の納入に際し、包装資材込みの取引価格は据え置いたまま、環境負荷は大きく下がるものの価格は一般的な包装資材の5割増となる新たな包装資材Cを用いた納入を行うように求めることとした。γ1社は、当該対応について、ESGの観点から重要な施策であること、消費者がγ1社の姿勢に共感し商品の購入を増やすことで納入事業者の売上増にもつながること、一定の移行期間を設けることなどを含め、十分な事前説明を行った上で実施した。

γ1社の納入事業者であり、全売上の8割が同社向けであるγ2社は、γ1社の対応は独禁法に違反するとして当該措置の撤回を求めた。

（設例4）

Δ1社、Δ2社、Δ3社およびΔ4社は、畜産物Dを取り扱う畜産事業者であり、国内市場に占めるシェアは、それぞれ50%、30%、15%、5%であった。これらのうち、Δ3社は、ESGの観点から、生産性は従来のものと比べて若干劣るものの、動物福祉の観点からは非常に好ましい飼育技術を開発し、同技術を用いた方法により畜産物Dの生産を行っていた。また、Δ1社も業界最大手としての責務からΔ3社より当該飼育技術のライセンスを受け、同技術を用いた方法による畜産物Dの生産を始めていた。動物福祉に配慮した飼育技術を用いた方法により生産された畜産物Dの国内市場における出荷金額は、Δ１社が25%、Δ３社が75%である。なお、一般的な方法により生産された畜産物Ｄの価格と動物福祉に配慮した飼育技術を用いた方法により生産された畜産物Ｄとは、後者の方が前者よりも若干価格が高い傾向にあるものの、概ね同水準であり、一般消費者も、後者を特に好む消費者も一部存在するものの、大部分は両者を区別せずに購買を行う傾向にあった。

今般、Δ３社が経営危機に陥り、経営再生のためのスポンサーを募ったところ、Δ１社とΔ２社がΔ３社の買収への提案を行った。なお、Δ３社のフィナンシャルアドバイザーはΔ４社や投資ファンドなど他の企業にも提案を行うよう広範に打診を行ったが、Δ１社およびΔ２社以外からは提案は得られなかった。

Δ１社はΔ３社を買収した場合、ESGへの配慮の観点からΔ３社が開発した動物福祉に配慮した飼育技術を用いた方法による畜産物Ｄの生産をさらに拡大する意向を表明しているが、Δ２社は、当該飼育技術は収益面で不利であることから買収後は当該飼育技術を用いた生産方法は一切用いないという意向を表明している。

その後、スポンサー選定プロセスが進み、Δ１社がスポンサーに選定された。これに対し、Δ２社は、Δ１社によるΔ３社の買収に関し、独禁法上の問題を指摘した。

各設例のように、企業活動において、ESGへの取組みの観点からいわば善意でなされるように見受けられる対応であっても独禁法・競争法との整合性が問題になる局面はあり得る。

設例１に関し、製品Ａの製造にあたり、環境負荷の高い旧世代の製造設備を順次閉鎖するというα１社の対応はESGの考え方（特に環境負荷の低減の観点）から望ましいものと考えられる。また、α１社が、所管官庁に相談をし、環境負荷の削減の実効性を確保するために、所管官庁と相談の上、業界の足並みを揃えようとする行為についても、同じくESGの考え方からは望ましいと考えられる。他方で、業界団体の場で競争事業者同士が足並みを揃えて製造設備の廃棄を巡る議論を行うことは、たとえ所管官庁が関与していたとしても、不当な取引制限（(いわゆるカルテル）法２条６項）や事業者団体の禁止行為（法８条）に該当しないかという論点が生じ得る。

設例２に関し、人権侵害の疑いが濃厚な生産手法によって製造されたβ２社の製品Ｂについて流通事業者に注意喚起を行うことで、人権侵害の拡大を防ごうとするβ１社の対応はESGの考え方（特に人権擁護や良好な労働環境の確保の観点）からは望ましいものと考えられる。他方で、製品Bの流通事業者に対し、β2社の同製品の生産手法に疑問を呈するような働きかけを行うことは、β2社の生産手法が実際に人権との関係で問題があるものであったとしても、競合事業者による新規参入を同市場において圧倒的な地位を有する既存の事業者が妨害する方向に働く行為といえ、日本法であれば、排除型私的独占（法3条）や競争者に対する取引妨害（不公正な取引方法（一般指定）14項）に該当しないかという論点が生じ得る。

設例3に関し、環境負荷が大きく下がる包装資材Cを用いた納入に切り替えようとするγ1社の行為は、設例1と同様にESGの考え方（特に環境負荷の低減の観点）からは望ましいものと考えられる。また、γ1社は、包装資材Cを用いた納入に切り替えるにあたり、納入事業者に対し、一定の移行期間を設けることなどを含め、十分な事前説明を行っているとされているところ、こうした対応は当該切り替えにより納入事業者に不当な不利益を与えることのないようにするための合理的な対応と評価され得ると考えられるほか、包装資材Cを用いた納入に切り替えることにより、実際に納入事業者の売上が増加するのであれば、当該切り替えにより納入事業者に生じる不利益は限定的とも考え得る。他方で、包装資材Cを用いた納入に切り替えることにより、包装資材の価格は5割増となるにもかかわらず包装資材込みの取引価格を据え置きとすることは、納入事業者にとって大幅な負担増となることは否めず、こうしたγ1社の対応は、とりわけ同社に対する取引依存度が高いγ2社のような取引先との関係では、優越的地位の濫用（法2条9項5号）に該当しないかという論点が生じ得る。

設例4に関し、Δ1社によるΔ3社の買収は、それにより畜産物Dの生産について、動物福祉の観点から非常に好ましい飼育技術にを用いた方法による生産が継続される見込みが立つことになるため、ESGの考え方（特に動物福祉の観点）からは望ましいものと考えられる。他方で、①当該買収は、畜産物Dの市場において首位のシェアを有する事業者と3位のシェアを有する事業者との企業結合であり、これが行われることで同市場における市場集中度が上昇すること、②仮に動物福祉に配慮した飼育技術を用いた方法により生産された畜産物Dの製造販売を一つの市場と捉えた場合、当該買収により、同市場における事業者はΔ1社のみとなり、独占状態が生じること、③本設例は、Δ3社が市場から撤退する可能性が高い場面であることから、いわゆる破綻企業の抗弁の考え方により、こうした事情がない案件と比べると、相対的に企業結合が幅広に認められるとの議論もあり得るものの、畜産物Dの製造販売における市場シェアがΔ1社よりも相当程度低いΔ2社もΔ3社の買収意向を表明したという状況からすると、同抗弁の考え方が容易に適用されるとは考えにくい事案であること等の事情からして、本設例におけるΔ1社によるΔ3社の買収は、企業結合審査において問題とされやすい状況である。

こうした問題は、主としてESGの考え方と独禁法・競争法の目的とが整合しない場合があることから生じる論点である。より分析的に捉えると、企業が事業活動を行うに際し、当該関連市場における需要者の直接的な利益と必ずしも調和しない場合であっても、それによりESGという社会経済全体から広く支持を受けている中長期的な利益は図られる場合に、当該事業活動を独禁法・競争法の観点からどのように評価すべきかという点が主たる論点と考えられる。

他の法分野と同様に、社会公共の利益をどのような形で考慮するかという問題は独禁法・競争法においても以前から論じられてきた問題であり、ESGの考え方との調和もこれまでと同様の検討枠組みで検討すれば足りるようにも思われる。他方で、特に欧州を中心に、従来の競争法の枠組みを踏まえつつ、よりESGの考え方に寄り添った解釈を行おうとするアプローチやこうしたアプローチの要否をめぐる議論が真摯に行われている状況がみられることも事実である。上記各設例のように企業の事業活動においてESGへの取組みと独禁法・競争法の考え方とが調和しないように思われる場面における考え方の指針を得るためにも、諸外国の議論の理解は肝要である。

以下では、諸外国のうち、ESGと競争法との関係について活発に議論が行われている欧州の状況を概観し、その後に日本における関連する議論の動向を概観する。

3 欧州の動向[2][3]

はじめに欧州で先進的な取組みを進める主な法域を紹介した後、競争法の個別分野ごとに議論状況を概観する[4]。

2）欧州の動向に関する詳細については本章の著者が関与した以下の調査報告書も参考にされたい。経済産業省経済産業政策局競争環境整備室「令和２年度産業経済研究委託事業（経済産業政策・第四次産業革命関係調査事業費）（近年の競争環境・競争政策等の動向に関する調査）報告書」（委託先：株式会社三菱総合研究所）（2021）

(1) 先進的な取組みを進める主な法域

ア　欧州委員会

欧州委員会（以下「欧州委」という）は、サステナビリティ[5]の考え方のうち、環境保全や気候変動等に関して European Green Deal で基本的な政策枠組みを示した（2019 年 12 月）。その後、欧州議会が 2021 年 6 月に欧州気候法案を採択して 2030 年の温室効果ガス削減目標 1990 年比 55％の目標が確実となったことを踏まえ、欧州委は European Green Deal を包括的に推進する政策パッケージを発表した（2021 年 7 月[6]）。

European Green Deal における競争政策の役割につき、欧州委は、競争政策は主導的な役割を果たすものではなくあくまでも市場における効果的な競争を実現することによって環境政策に補完的に貢献するものであって、競争当局は既存の法的枠組みを変更せずに対応することが必要との立場を示している[7]。

なお、2021 年 2 月に開催された “Competition policy contributing to the European Green Deal” によれば、欧州委は 2021 年内をめどに European Green Deal の考え方も踏まえた競争法に関する各種ガイドラインの改定に向けた方向性等を決める予定である[8]。

イ　ギリシャ

ギリシャは、著名な競争法政策研究者であるロンドン大学教授の Ioannis Lianos 氏が競争当局の委員長を務めていることもあり、サステナ

3）欧州以外の法域における動向も含む国際的な議論という位置づけとなるが、ESG の考え方と独禁法・競争法の考え方との関係についてまとまった形で論じられたものとして、経済協力開発機構（OECD）競争課の主催にかかる “Sustainability and Competition” をテーマとした一連の議論が挙げられる。当該議論においては基礎的な問題意識として以下の点が提示されておりこれらは ESG と独禁法・競争法との関係を検討するにあたり、中心的に検討すべき論点を指摘したものとして参考になる。

- 競争とサステナビリティの目標との間に潜在的な対立が生じる可能性はあるか。
- サステナビリティの問題に対して競争法はどのように執行され、競争当局は既存の分析枠組みの中でどのように考慮してきたか。
- 競争当局等がサステナビリティを考慮するためにどのようなツールが存在し使用可能なのか。

4）欧州における環境政策と競争法との関係に関する議論については、市川芳治「環境政策と EU 競争法― “現代化”（Modernization）の文脈から―」日本 EU 学会年報 29 号（2009）104～122 頁において 2009 年以前の議論が詳しく紹介されている。

5）欧州における一連の議論では、ESG ではなくサステナビリティという用語が用いられて議論がなされる傾向にあることから、以下においても、サステナビリティという用語を用いている。

6）European Commission “Delivering the European Green Deal”（2021）

7）European Commission “Competition Policy supporting the Green Deal Call for contributions”（2020）1 頁

8）European Commission “Competition policy contributing to the European Green Deal”（2021）

ビリティと競争政策に関する検討において欧州内で先行している。2020年9月には、サステナビリティに配慮した競争政策を実現するために必要な検討課題を論じたディスカッションペーパーが発表された[9]。ここでは、SDGsを達成し欧州の包括的かつ長期的な成長を確保するためには政策の一貫性が重要であり、競争政策においてもサステナビリティに配慮することが必要と論じられている。また、他の規制当局との緊密な連携の必要性、イノベーション支援のプロセスとして競争法におけるサンドボックス制度の必要性、サステナビリティ・ガイドラインの策定等の先進的な施策の提言が行われている。

ウ　オランダ

オランダもサステナビリティと競争政策に関する検討を積極的に進めている[10]。オランダ社会経済評議会によるエネルギー協定の件（2013年）[11]と、Chicken of Tomorrowの件（2015年）[12]において、競争当局がサステナビリティの考え方を取り入れた合意に対して否定的な見解を示したことへの世論の反発が強かったこともあり、競争当局の課題意識が強いという背景もあるようである。

オランダ競争当局は、2021年1月、sustainability agreements[13]に関するガイドラインの草案（第2版）を公表した（初版は2020年7月に公表）[14]。同

9）Hellenic Competition Commission “Staff Discussion Paper on Sustainability Issues and Competition Law”（2020）

10）European Commission “Results of the Call for contributions, Stellungnahme der Studienvereinigung Kartellrecht e.V. im Rahmen der Offentliche Konsultation der Europaischen Kommission uber Wettbewerbspolitik des Grunen Deals”（2021）

11）Netherlands Authority for Consumers and Markets “ACM analysis of closing down 5 coal power plants as part of SER Energieakkoord”（2013）
オランダ社会経済評議会による持続的成長に向けたエネルギー協定の一部分である、1980年代に建設された5つの石炭発電所を閉鎖する合意が、カルテルの禁止に違反すると判断された。

12）Netherlands Authority for Consumers and Markets “ACM's analysis of the sustainability arrangements concerning the ‘Chicken of Tomorrow”（2015）
Chicken of Tomorrowと呼ばれる動物福祉に配慮した生産業者と小売業者のsustainability agreementsについて、これによりオランダの消費者が2020年からスーパーマーケットで標準的な鶏肉を購入することができなくなる事態が生じることに関し、消費者の選択の自由が制限され、鶏肉の消費者市場（小売市場）における競争を制限し、カルテルの禁止に違反すると判断された。

13）sustainability agreementsは、サステナビリティと競争法や競争政策との関係を論じる際に欧州において近時多く用いられている用語である。本文記載のオランダ競争当局のガイドライン草案では、同語を「事業者間の協定及び事業者団体の決定であって、経済活動が人間、動物、環境または自然に及ぼす悪影響の特定、防止、制限または緩和を目的とするもの」と非常に広範に定義している。同語については今のところ確立した定義は存在しないように思われるが、欧州におけるサステナビリティと競争法との関係に関する議論を説明する上で有用な概念であるため、本章では同語を、やや厳密性に欠けるものの、サステナビリティへの取組みを目的とした事業者間の合意といった趣旨で用いている。

ガイドライン草案はsustainability agreementsが欧州機能条約（TFEU）101条3項及びオランダ競争法に基づく適用免除を受けるために必要な要件[15]の考え方を示しており、サステナビリティと競争政策の関係を検討する上で特に注目される。

これまで、サステナビリティに関する共同行為は、TFEU101条3項の「消費者に対してその結果として生じる利益の公平な分配が行われること」という要件について、便益を受ける対象が当該市場における需要者ではなく社会全体であることから、当該要件が満たされることはなく、同項に基づく適用免除を受けられないのではないかとの議論がなされていた。しかし、上記ガイドライン草案においては、当該要件に関し、合意の内容が環境被害に関するもの（environmental-damage agreement）であり、効率的な方法で国際基準や国内基準を遵守したり、環境被害を防ぐ具体的な政策目標の実現を支援したりするものである場合には、当該商品・役務の需要者ではなく社会全体に対する利益の分配であっても同要件を満たすものと認められるという考え方が示されている。

エ　英国

英国競争当局は、2021年1月に、事業者、業界団体、NGO等に対して、競争法におけるSustainability agreementsの評価判断枠組みを理解してもらうことを目的としたガイダンス文書を発表した。[16]

⑵　競争法の個別分野における議論状況

ア　共同行為とサステナビリティ

共同行為と呼ばれる競争事業者間の競争を制限するような行為はTFEU101条1項で禁止されているが、一定の要件を満たす場合には同項の適用は免除される（同101条3項[17]）。サステナビリティの考え方と共同行為の規律との整合性については、前述のギリシャの競争当局のディスカッションペーパーで類型化がなされたり、前述のオランダの競争当局の

14）Netherlands Authority for Consumers and Markets “Second draft version: Guidelines on Sustainability Agreements – Opportunities within competition law”（2021）

15）TFEU101条3項は以下の要件を満たす場合にTFEU 101条1項の適用免除を定めている。
① 対象商品・役務の改善または技術的・経済的進歩に資すること
② 消費者に対してその結果として生じる利益の公平な分配が行われること
③ 利益をもたらすための競争制限が必要最小限であること
④ 対象となる商品・役務の本質的部分における競争制限とならないこと

16）Competition and Markets Authority “Environmental sustainability agreements and competition law”（2021）

17）EU加盟国も、欧州委のTFEUと同様のルールを設けているところが多い。

ガイドライン草案において言及がなされたりしている。

なお、リーディングケースとして位置づけられる事案としてCECEDの件（1999年）がある。[18] この事案では、環境コストの削減を消費者の利益に結び付けて消費者の厚生の観点から共同行為規制の適用免除を認める判断がなされており、競争法上の判断に当たり、サステナビリティ確保に向けた取組みを積極的に評価した事案として捉えられるように思われる。

イ　単独行為とサステナビリティ

単独行為と呼ばれる市場支配的地位を濫用する行為は、TFEU102条で禁止されている。他方で、当該行為について競争制限効果を上回る客観的な正当化事由が認められる場合には必ずしもこの限りではないとの議論が存在する。サステナビリティの考え方と単独行為との関係が論じられることは必ずしも多くないが、環境保全に関連して正当化事由が主張された事案として、DSD社の件（2001年）[19]やARA社の件（2016年）[20]が参考となる。

ウ　企業結合とサステナビリティ

欧州委の企業結合審査において、企業結合の結果もたらされる消費者の利益や技術進歩・経済発展等は、効率性の向上として考慮される（水平型企業結合ガイドライン[21] 77項）。ギリシャ競争当局のディスカッションペーパーでは、サステナビリティの観点は効率性として考慮する余地がある旨が示唆されている。

加盟国レベルの企業結合審査でも、環境保全の要素が考慮される場合がある。たとえば、スペインの競争保護法では、環境保全の要素が明示的に企業結合審査における考慮要素とされている（スペイン競争保護法10条4

18）Case IV.F.1/36.718.CECED
家電メーカーとその業界団体からなる団体であるThe European Committee of Domestic Equipment Manufacturers（CECED）の構成員による、エネルギー消費量の大きい家庭用洗濯機の生産・輸入停止等を内容とする協定が、TEC81条3項（現TFEU101条3項）による適用免除を受けた事案。

19）Case COMP D3/34493 – DSD
包装ごみの回収・再利用をするDuales System Deutschland社が、顧客に対し、同社の回収・再利用サービスを利用していない商品に関しても一定の支払いを行わせていたことがTFEU102条に反するとされた事案。同社は包装ごみの回収・再利用に関する法律の目的を達成するためには当該対応が経済合理性に適う旨の主張を行った。

20）CASE AT.39759 – ARA Foreclosure
包装ごみの回収・再利用をするオーストリアのAlstoff Recycling Austria Aktiengesellschaft社が、包装ごみの回収・再利用の委託に関し、第三者の参入防止のためインフラの利用を拒絶したことがTFEU102条に反するとされた事案。同社の行為について包装ごみの回収・再利用に関する法律の目的達成の観点から経済合理性に適うとの主張を行う余地があったとの指摘がある。

21）European Union, Gudelines on the assessment of horizontal mergers under the Council Regulation on the control of concentrations between undertakings (2004)

項 d)。

実際の企業結合審査の文脈でもサステナビリティの観点を考慮するかが論点の一つになることがある。Bayer 社 /Monsanto 社の件（2018 年）[22] からは、欧州委は、純粋に非競争的な目的については審査の考慮に入れず、競争と技術革新を保護することで間接的に環境保全が図られるという立場であることが窺われる。Aurubis 社 /Metallo Holding 社の件（2020 年）[23] では、環境保全の観点を直接的に審査の考慮に入れているわけではないものの、欧州委としては当該観点をも注視をしていることが示唆された。

加盟国レベルの審査では、Miba 社 /Zollern 社の件（2019 年）[24] において、ドイツの大臣承認制度に基づき、サステナビリティの考え方を考慮して合弁事業の承認の条件が緩和された点が注目される。同事案においては「エネルギー転換とサステナビリティのためのノウハウとイノベーションの可能性」が最も重要な公共の利益であり、こうした利益は、合弁事業による競争上の不利益を上回るとの旨の判断がなされており、企業結合審査においてサステナビリティの観点を考慮するにあたり新たな視座を提供しているように思われる。

4 日本の動向

日本においては、本章執筆時点において、ESG の考え方と独禁法の関係を主たる題材として取り扱った法令やガイドライン、政策文書等は特段

22）CASE M.8084 – Bayer/Monsanto
欧州委が、ドイツの医薬・農業化学会社 Bayer 社による米国の種子・植物バイオ会社 Monsanto 社の買収を広範な事業の売却を条件に承認した案件。

23）CASE M.9409 – Aurubis/Metallo Group Holding
ドイツの金属材料業である Aurubis 社と、ベルギーの金属加工業である Metallo Holding 社の統合を欧州委が承認した事案。両当事会社とも大量の銅の需要者であり、統合会社は銅の購入市場において市場支配的地位を有する懸念があった。欧州委の承認にあたり、Margarethe Vestager 氏（現欧州委副委員長（競争政策担当））は以下のように述べた。「競争力のある銅のリサイクル産業がうまく機能していることが、欧州の産業界の将来のニーズを満たし、環境への影響を抑えるための鍵となる。欧州委は Aurubis 社と Metallo Holding 社の合併を注意深く（carefully）評価する。」

24）連邦カルテル庁：Bundeskartellamt “Bundeskartellamt prohibits merger between Miba and Zollern in bearing production sector”（2019）
大臣承認：Monopolkommission “Monopolkommission sieht Erteilung der Ministererlaubnis im Fall Miba/Zollern kritisch”（2019）
オーストリアの Miba 社とドイツの Zollern 社によるすべり軸受の合弁事業が問題となった事案。2019 年 1 月に連邦カルテル庁は 2 社のすべり軸受の供給元としての地位を理由に合弁事業を禁止する判断をしたが、同年 8 月にドイツの経済エネルギー大臣はサステナビリティの観点を考慮して大臣承認制度（競争制限禁止法 42 条 1 項）に基づき合弁事業を条件付で承認した。

見当たらないように思われる。他方で、循環型社会の促進や気候変動対応等の文脈における独禁法の適用に関しては、ESGの考え方が関心を集めている近時に制定されたものではないものの、公取委が一定の考え方を示したものが存在する。

(1) ガイドライン

ESGの考え方に通じる独禁法の適用に係るガイドラインとしては、循環型社会の広まりに対応して2001年に制定されたリサイクル等に係る共同の取組に関する独禁法上の指針（リサイクルガイドライン[25)]）が存在する。その適用範囲は、主たる事業に付随してリサイクル等を行うメーカー、販売業者等の事業者が共同してまたはその団体が取り組むリサイクル・システムの構築およびそれに関わる共同行為である。同ガイドラインにおいては、リサイクル等に要するコストが共通化されたとしても製品の販売価格に対する当該コストの割合が小さい場合独禁法上問題となる可能性は低いこと、社会公共的な目的に基づく自主規制等の実施や規格の統一、共同研究開発は、特定の事業者に不当に差別的ではなく強制にもわたらない場合には競争に与える影響は小さく、独禁法上問題となる可能性は低いことなどに触れられている。同ガイドラインにおいては、基本的にはリサイクル等に係る共同の取組みを推進する方向での独禁法の解釈が示されているが、たとえば、広範囲にわたるリサイクル・システム、排他的なリサイクル・システムの構築、リサイクル率の達成目標やリサイクルしやすい部品の規格の統一等に際し、一部の事業者との関係で差別的であったり強制にわたったりする場合には、独禁法上問題になる可能性があることが指摘されている。

また、同ガイドラインにおいては、効率的なリサイクル等を推進するための部品の規格の統一等は、リサイクル等に要するコストを削減するとともに、一般的には需要者の利益を不当に害するものとは考えられないとされている。なお、リサイクルしやすい製品の共同研究開発は、研究の性格としては、その成果がより直接的に製品市場に影響を及ぼすものではあるが、環境対策といういわゆる外部性への対応を目的とするものであることから、共同化の必要性が高いとされている点は注目に値する。

なお、共同研究開発に関する独占禁止法上の指針（共同研究開発ガイド

25）公正取引委員会「リサイクル等に係る共同の取組に関する独占禁止法上の指針」(2001)
26）公正取引委員会「共同研究開発に関する独占禁止法上の指針」(1993)

ライン[26]）においても、環境対策、安全対策等いわゆる外部性への対応を目的として行われる共同研究開発について、研究にかかるリスク、コスト等に鑑みて単独で行うことが困難な場合が少なくなく、そのような場合には、独禁法上問題となる可能性は低いとの指摘がなされており、ESGの考え方と独禁法との関係を検討する上で参照に値する。

なお、事業者団体の活動に関する独占禁止法上の指針（事業者団体ガイドライン[27]）においても、事業者団体の活動に対する独禁法上の適用に関し、環境の保全をはじめとする社会公共的な目的のために合理的に必要とされる行為である場合には当該事情が考慮されるとの考え方を示した箇所が少なくない。

(2) 国内排出量取引制度に関する中間報告

2010年3月に公取委から公表された「地球温暖化対策における経済的手法を用いた施策に係る競争政策上の課題について～国内排出量取引制度における論点（中間報告[28]）」も昨今のESGへの関心の高まりと関連性を有する政策文書の一例といえる。同中間報告は、当時盛んに議論されていた国内排出量取引制度について独禁法・競争政策の観点からの論点を分析したものであり、排出量規制に関連する事業者等の行為のうち独禁法上問題となり得る行為としていくつかの例を挙げている。

同中間報告において挙げられている独禁法上問題となり得る行為のうち、主なものとしては、①事業者等による共同行為の一例として、排出量規制が義務として賦課された場合におけるこれらを目安とした各事業者の商品・役務の供給量の決定や義務的排出量規制が存在しない場合における義務の達成方法の制限が、②排出量削減に伴う費用負担の増加に対応するための共同行為の一例として、排出量削減のためのコストの増加（排出削減の取組みや外部クレジットの購入に伴うコスト）に関連して、事業者間で共同して商品・役務の価格を一定額引き上げる行為等が、③取引先等に対する行為の一例として、外部クレジット制度の実施に際し、大規模事業者等が自らと既存の取引先等との間でのみクレジット事業を実施し、競争者の排除につながる場合における当該行為（拘束条件付き取引との関係）や、金融機関が融資取引と関連して自らが関与する外部クレジット制度におけるクレジットの購入を求める行為（優越的地位の濫用との関係）等がある。こ

27）公正取引委員会「事業者団体の活動に関する独占禁止法上の指針」（1995）
28）公正取引委員会「地球温暖化対策における経済的手法を用いた施策に係る競争政策上の課題について～国内排出量取引制度における論点～（中間報告）」（2010）

のうち、とりわけ上記①の事業者等による共同行為に係る指摘は、カーボンニュートラルという語に代表されるように温室効果ガスの排出量の削減が重要な課題として再認識されている現在の状況下においては、改めて参照すべき重要な指摘のように思われる。

(3) 設例および過去の相談事例

ガイドライン内の設例や過去の相談事例も参考になるものがある。

たとえば、団体によるリサイクル・システムの構築等（リサイクルガイドライン設例3）は、製品Aの製造販売事業者の大半が加入する事業者団体が、リサイクル・センターを設立し、リサイクルを実施するに際し、リサイクル・センターの運営費用等について、各事業者が出荷する製品Aの販売価格に一定金額を上乗せし、上乗せ分を事業者団体が徴収することを検討するという設例である。同設例においては、A製品市場における競争に与える影響に関し、リサイクル等に要するコストの割合が高くならない限り、通常は当該影響は小さいこと、当該リサイクル・システムが現時点において当該業種で唯一のものであるとしても、共同化の必要性があり、他に代替的手段がない場合に、他の事業者による本件リサイクル・システムの利用を不当に制限したり、会員が独自にリサイクル・システムを構築することを不当に制限したりするものではない限り、リサイクル市場の競争への影響も小さいこと等の考え方が示されている。

また、団体によるリサイクル費用の徴収方法（同設例6）においては、製品Aの製造販売事業者のほとんどが加入する事業者団体が、法令によるリサイクル義務が課せられていない製品原料Bのリサイクルに際し、環境意識の高まりに対応するために上昇したリサイクル費用について、団体として製品Aの本体価格とは別個に需要者から徴収することを検討するという設例が取り扱われている。同設例においては、実効性のあるリサイクルの推進のために、同費用の負担をユーザーに請求せざるを得ず、リサイクルを行うことが社会的に強く要請されている場合には、当該団体が本体価格とは別にリサイクル料金を徴収することとしても、強制にわたらない限り独禁法上問題とならないという考え方が示されている。

上記の他、いわゆる一般相談において公取委が考え方を示した先例として、レジ袋の有料化に係る取組みに関しての2つの事例（平成19年度一般相談事例3および令和元年度一般相談事例12）がESGの観点からも興味深い。これらの事例における事実関係は近似しており、いずれも環境負荷の軽減を目的として、小売事業者同士またはその事業者団体が関与する形で、レジ袋を提供する場合の価格を含む取引条件を取り決めようとする取組みが相談の対象とされた。結論として、公取委はいずれの事案においても直ちに独禁法上問題となるものではないと判断をし、その理由として、レジ袋の提供は副次的なサービスの一つに過ぎないところ、上記行為が行われたとしても、小売事業者間での商品の販売についての競争は制限されないこと、こうした取り組みは、正当な目的に基づくものであり、取組みの内容は、目的達成のための手段として合理的に必要な範囲内であること等を挙げている。[29)]

5 小括

(1) 欧州の動向および日本の動向

ESG と競争法政策との関係に関しては、3 で述べたとおり、欧州を中心に議論が活発に行われている。特にギリシャやオランダにおいて顕著な議論の先行がみられ、欧州委レベルでの動きもみられることから、今後議論はさらに活発化する可能性がある。なお、競争法において特に問題になる頻度が高い共同行為については、sustainability agreements によって生じる便益を享受するのは社会全体であり、関連市場における需要者のみではないために、関連市場における需要者に対する利益の分配を要件とするTFEU101 条 3 項の適用対象にはならないのではないかという問題意識も根強く存在するように見受けられる。これは主として関連市場の外部にもたらされる便益を競争法上の分析において考慮して良いかという競争法の本質にも関わる論点であり、今後の議論の蓄積が期待される。

日本では、4 で述べたとおり、ESG と独禁法との関係を主たる題材として取り扱った法令やガイドライン、政策文書等は特段見当たらないものの、各種ガイドラインや設例、相談事例等を通じて当該点に関連した一定の考え方は示されている状況にあるともいい得る。もっとも、環境保全等のESG の考え方が社会公共性の高い事項であることは意識される一方、欧州のように当該点を競争法の本質に関する事項と位置づけて議論が行われているわけではなく、ESG の考え方を取り入れた企業の事業活動に関し、

29）相談の対象となった取組みについて独禁法上直ちに問題となるものではないという結論が導かれる理由として挙げられている事項は細かく検討するとやや異なっており、本来であれば、両事案の検討に際しては、前提としている事実関係の違いや背景にあるレジ袋の利用抑制や有料化への取組みにかかる社会情勢も含めた詳細な分析が必要とも考えられるが、ここでは詳細には立ち入らない。

今後どのような議論が行われることになるのかは現時点ではやや見通しにくい状況といえる。

⑵ 企業の事業活動への示唆

企業の事業活動においてESGへの取組みを行うことの重要性は日に日に増しており、それに伴って社会の様々な側面においてルールの整備が進んでいる。ESGやSDGs、サステナビリティは、社会経済全体として推進すべき政策目標であり、企業の事業活動においても重視視されるべきものであることから、独禁法・競争法への抵触を恐れるあまり、ESGの考え方に沿った正当な事業活動が委縮する事態を招くことは適切ではない。この点に関し、既存の独禁法・競争法の考え方を変更するものでないとしても、ESGの考え方を踏まえた事業活動を行うにあたり、どのような行為であれば許容され、どのような行為であれば問題となるおそれが高いのかという点について、他の領域におけるルール整備と同様に、独禁法・競争法の領域においても、何らかの形でまとまった整理がなされれば、事業活動上の予測可能性が向上し、企業によるESGへの取組みがさらに加速することも期待できるように思われる。

また、今後本論点がより先鋭化した場合に備え、サステナビリティへの取組みと競争法政策との関係について検討が先行している欧州の動向に注意を払う必要性も高いと考えられる。[30]

他方で、日本においては、少なくとも現状では、企業の事業活動としてのESGへの取組みと独禁法・競争法との関係について、まとまった議論が行われている状況にはない。こうした状況下であっても、企業としては、2の設例において挙げたようなESGの考え方と独禁法・競争法の考え方とが必ずしも整合しない場面に直面した場合、何らかの整理を行い、事業活動を前に進めていかなければならない。このような状況において、独禁法・競争法の観点からの分析を十分に行わずに対応を進めることは、独禁法・競争法への違反が認定された場合に企業が被りうる潜在的な不利益に鑑みて適切とはいい難い一方、ESGの考え方を事業活動に取り入れるこ

30）欧州委は、2021年7月に、自動車の排気ガスの浄化技術に関する研究開発に関してカルテルが行われたとされる事案（Case 40178: Car Emissions）において、自動車メーカー2社に巨額の課徴金を賦課する決定を行った旨を公表した。本決定は、欧州委が公表した内容を前提にすると、本来行われるはずであったより優れた環境対応技術の開発に向けた競争が制限された事案であり、競争法違反によりサステナビリティへの取組みが不十分となる懸念が生じた局面という点で、本章で中心的に取り扱っているサステナビリティへの取組みと競争法の考え方が整合しない局面とはやや異なるが、今後の検討の上で留意すべき執行例の一つになると思われる。

とはそれ自体が企業の競争力に直結する面もあることから、上記のとおり、独禁法・競争法への抵触を恐れてESGへの取組みが委縮することもあってはならない。

企業としては、ESGの考え方を事業活動に取り入れるにあたり、時として独禁法・競争法の観点からの分析・検討が必要になる場面があることを念頭に置くとともに、実際にそうした場面に直面した場合には、欧州をはじめとした本論点に関する先進的な議論が行われている諸外国の動向や国内における関連するガイドライン等における議論を踏まえ、公取委をはじめとした各国の競争当局からの指摘にも耐えうるような整理を行うことが求められる。

第11章

ESGと不動産

1 はじめに

近時のESG投資の隆盛に関しては、第2章やその他の各章においても解説してきたとおりである。かかる動向は、2050年までにカーボンニュートラル（温室効果ガスの排出と吸収でネットゼロとすること）を目指す日本政府の政策や、個人の情報発信力の高まりを背景とした社会的課題への意識の高まりを受け、さらに加速度的に拡大している。もはや投資活動においてESGはプラスαではなく、投資行動を決める際に重要な欠くことのできない考慮要素となっている。

このESG投資の潮流は、オルタナティブ投資の典型である不動産投資の分野にも当然及んでいる。その結果、不動産業界においては、とりわけESG要素に配慮した経営が進んでおり、本書の各章でみてきたESGと商事法務のかかわりがより顕著に表れる業界でもある。

不動産投資に関しては、2007年にUNEP FI不動産ワーキンググループが発表した責任不動産投資（RPI：Responsible Property Investment）があり、RPIでは、社会的に責任ある不動産投資のあり方として、省エネルギーや環境保護を始めとした10箇条の責任不動産投資戦略が示されている。また、日本国内の動きに目を向けると、2019年2月に国土交通省が「ESG不動産投資のあり方検討会」を発足させ、2019年7月に中間とりまとめ「我が国不動産へのESG投資の促進に向けて」を公表した。これは、ESGの観点から不動産の開発・運用・投資のあり方を示すとともに、不動産の開発・運用に関わる主体による投資家への情報開示のあり方を整備するものとして参考となる。また、近時では、2020年4月に、国土交通省「ESG投資を踏まえた不動産特定共同事業等検討会」の中間とりまとめが公表され、また、2021年3月に、同省の不動産分野におけるESG-TCFD実務者WGより「不動産分野における『気候関連財務情報開示タスクフォースの提言』対応のためのガイダンス（不動産分野TCFD対応ガイダンス）」が公表され、各種の指針やガイダンスが続けて出されている。今後は、不動産の事業者やファンドの運用者による投資において、これらの考え方が踏まえられるようになると予想される。

そこで、本章では、ESG先進業界というべき不動産業界におけるESGの考え方について、主に法的な考え方や実務を紹介する。

2 不動産事業におけるESG要素の考慮

(1) 総説

「ESG不動産投資のあり方検討会」の中間とりまとめ「我が国不動産へのESG投資の促進に向けて」において、「我が国において2,600兆円を超えるとされる不動産は、国民生活や経済成長を支える不可欠かつ重要な基盤であり、環境や社会に関する課題解決に貢献できるポテンシャルも大きい」とされており、不動産のオーナーやテナントを始めとして、不動産の運営・管理を担う会社、不動産に投資する投資家、地域住民等の様々なステークホルダーが関与する不動産は、ESGの観点から社会課題の解決に貢献できる潜在力が大きいということができる。

この点、不動産において考慮されるべきESGの各要素としては、主として以下の事項が挙げられる[1)]。

まず、E（Environment）の要素としては、①省エネルギー性の向上、②再生可能エネルギーの使用等、③資源循環の確保（廃棄物発生の予防や再生資源の利用促進）、④有害物質の除去、⑤生物多様性と生態系の保全・回復（緑化の推進や地域生態系に配慮した植種の選択）などを指摘することができる。不動産分野におけるESGを考えるに際して、Eの要素は依然として議論の中心的な位置を占めているように思われる。

次に、S（Social）の要素としては、①健康、快適性、安全性等のビルの性能、②災害対応（例えば、BCPやレジリエンスについての問題への対応など）、③地域社会・経済への貢献、④超少子高齢化対応（ヘルスケア施設への投資など）などを指摘することができる。建物利用者の健康性、快適性の維持・増進を支援する建物の仕様、性能、取組みを評価するための認証制度として「CASBEE―ウェルネスオフィス」の活用が開始されるなど、

1）以下に摘示するESGの各要素の紹介については、「不動産鑑定評価におけるESG配慮に係る評価に関する検討業務報告書」（国土交通省不動産・建設経済局、2021）49頁以下を主に参照している。

Sの要素も近年はその重要性を増してきている[2]。

そして、G（Governance）の要素としては、①個別不動産への取組みの基盤としてのガバナンス（透明性確保・コンプライアンス・内部統制の確保や非財務情報の開示体制の確立など）、②個別所有物件のガバナンス（PM・FMなどの不動産管理における体制の充実化や不動産運営に関与する会社間の利益相反防止のための仕組みの構築など）などが挙げられる。

⑵ なぜESGが必要か

前記⑴に記載のとおり、不動産市場の規模や不動産に関与するステークホルダーの多様性を踏まえると、不動産に対してESGに対応した施策（ESG施策）を講じることによるインパクトは大きい。

また、投資に際してESG要素を考慮するという昨今のトレンドに照らすと、適切なESG施策が講じられていない不動産については、投資対象から外されてしまうという懸念も生じ得る（いわゆるネガティブスクリーニングの問題）。

そして、今後ますます強化されることが予想される不動産への環境規制についても留意する必要がある。例えば、建築物のエネルギー消費性能の向上に関する法律（平成27年法律第53号）11条1項では、一定規模の建築物の新築・増築等を行う場合には、当該建築物を建築物エネルギー消費性能基準に適合させる必要がある。ESGに対する取組みが不十分な建築物については、その新築または改修等がそもそも不可能となるまたは想定以上のコストが生じてしまう恐れがあり、また、適切な規制対応ができていないことから当該不動産の資産価値が下落し、座礁資産と化する恐れもある。

そして、不動産に対するESG施策は当該不動産の収益性にも影響を及ぼし得る。この点、ESGに対する配慮により不動産価値が向上し得る理由として、貸しビルにおいて、環境や健康、快適性、安全性に配慮するテナントが増えれば、賃料は上がり、空室率は低下する旨の考え方が示されている[3]。

2）ESG評価機関によると、人材リスク管理についてもESG格付けを付与する際の考慮要素の一つとなっているようである（マイケル・ブルックスほか「ESG投資と不動産証券化～SDGsの描く未来とは～」ARES不動産証券化ジャーナル50号35頁〔エリス発言〕（2019））。

3）「不動産鑑定評価におけるESG配慮に係る評価に関する検討業務」（国土交通省不動産・建設経済局、2021）1頁。

(3) 善管注意義務との関係

REIT や不動産ファンドの運用会社が、ESG への取組みが進んでいない不動産に対しては投資しないという投資選択（いわゆるネガティブスクリーニング）を考えた場合、かかる投資選択の結果として、投資対象を限定することになるため、分散投資によるリスク限定効果が縮減してしまうという問題が生じる。また、かかる運用会社が REIT や不動産ファンドの保有不動産に対して ESG 施策を講じる旨の決定をする場合、不動産の改修等に充てた資金が収益に見合うのか（不動産に対して ESG 施策を講じることにより、それに見合う収益を確保することができるのか）という問題が生じ得る[4]。

このため、局所的に不動産に対する ESG 施策を推し進めることは運用会社に課される善管注意義務の観点から問題が生じ得る[5]。

この点、ESG 投資の本質は長期投資であり、10 年・20 年というタームでの不確実な将来を展望した上で、投資判断の是非を検討する必要がある点が指摘されている[6]。このため、ESG を考慮した判断が短期的な収益向上に結び付くことが確保されている必要はない[7]。また、善管注意義務違反になるか否かの判断枠組みは ESG 投資の場合か否かでは変わるところはなく[8]、運用会社等の投資判断には一定の裁量が認められると考えられる。ただし、不動産に対する ESG を考慮した投資判断・施策の実施を決定する場合には、投資リターン（収益）にどのような（プラスの）影響を及ぼすかについて合理的な説明ができる必要はある。

4）不動産投資の文脈ではないが、ESG 投資一般の議論として、有吉尚哉ほか「金融機関は SDGs にどう向き合うか―金融法務の視点から」金融法務事情 2164 号 16 頁〔神作発言〕(2021) や後藤元「ESG と信託」信託 286 号 14 頁 (2021) など。

5）委託者の利益を犠牲にして自己または第三者の利益を図らない限りは忠実義務違反の問題は生じないと考えられるため、ここでは善管注意義務の観点から検討することとする（石島博・水谷守「ESG 投資に関する法的論点の整理と一考察」中央ロー・ジャーナル 18 巻 1 号 84 頁 (2021)）。

6）有吉ほか・前掲（注 4）18 頁。

7）ただし、これは投資の内容によると思われる。たとえば、運用期間が短期の不動産私募ファンドなどでは、その期間内で収益を最大化する必要があり、ESG を考慮した判断がその期間内での収益向上につながらない場合、それを正当化するのは難しいことが多いだろう。一方で、REIT のようなゴーイング・コンサーンを前提とする長期ファンドであれば ESG を考慮した判断が正当化しやすいと思われる。

8）後藤・前掲（注 4）15 頁。

3 不動産に関するESG評価・認証制度

(1) 総論

ESG投資の拡大に伴い、不動産業界においても、個別の建築物や事業者について外部機関からESGに関する評価・認証を取得する動きが活発化している。ESGに関する評価・認証を取得することにより、不動産の所有者によるESGへの配慮を目に見える形での分かりやすい指標として対外的に発信できる（ESGへの配慮の「見える化」）。そして、これに伴い、ESG投資を進める投資家に対してその不動産への投資の呼び水とすることができる（ESG投資家の需要喚起）といったメリットが挙げられる。[9] また、ESGに関する評価・認証の取得と不動産の収益性について、一定の相関関係も示されているようである。[10]

(2) 建築物に対して付与されるグリーン評価・認証

個別の建築物のエネルギー性能や総合的な環境性能を評価対象とするいわゆるグリーン評価・認証として、日本では、主にBELS、[11] CASBEE、[12] DBJ Green Building認証が利用されることが多い。

BELSは、建築物のエネルギー性能に特化した評価制度であり、★～★★★★★の5段階で評価され、★の数が多いほど評価対象となる建築物のエネルギー性能が高いことを意味する。

CASBEEは、建築物の環境性能を総合評価して全ての建築物を5段階評価（S、A、B+、B-、C）するものであり、環境性能の優れた建築物にはSランク（素晴らしい）が付与される一方で、環境性能の低い建築物に対してはCランク（劣る）が付与される。また、従来はESGに関する評価・認証制度はEの要素に着目するものが多かったが、CASBEEからは、建物利用者の健康性、快適性の維持・増進を支援する建物の仕様、性能、取組み（Sの要素）を評価するための認証制度として「CASBEE―ウェルネスオフィス」の活用も開始されている。

9）古山英治「不動産ESG投資とその経済性や不動産鑑定評価における考え方について」季刊不動産研究62巻3号34頁（2020）。

10）例えば、「不動産鑑定評価におけるESG配慮に係る評価に関する検討業務報告書」（国土交通省不動産・建設経済局、2021）85頁において、ザイマックス不動産総合研究所による報告結果が示されている。

11）Building-housing Energy-efficiency Labeling System／建築物省エネルギー性能表示制度。

12）Comprehensive Assessment System for Built Environment Efficiency／建築環境総合性能評価システム。

DBJ Green Building 認証は、建築物の環境・社会への配慮を総合評価する株式会社日本政策投資銀行により運用されている制度であり、★～★★★★★の５段階で、★の数が多いほど環境・社会への配慮がなされていることを意味する。DBJ Green Building 認証において、★★★★★は「国内トップクラスの卓越した」、★は「十分な」環境・社会への配慮がなされた建築物であることを意味する。

また、グローバルでは、建築物の総合的な環境性能を評価するシステムである米国のLEED[13]が利用されることが多い。LEED は米国グリーンビルディング協会（US Green Building Council）が開発・運用を行っている建物・敷地利用についての環境性能評価システムであり、取得したポイントの合計によって上から順にPLATINUM、GOLD、SILVER、CERTIFIEDの４段階の認証が付与される。

その他にも、英国のBREEAM[14]等、様々な評価・認証制度が存在している。

(3) 事業者に付与される評価・認証

個々の建築物ではなく、不動産に関連する事業者に対して付与される評価・認証（不動産企業・ファンド単位のESG に係るベンチマーク評価）としてはGRESB[15]が挙げられる。

GRESB は2009 年に欧州の主要な年金基金を中心に創設された不動産セクターの企業のESG 配慮を評価する制度であり、評価項目は組織のESG に関する「マネジメントと方針」と、保有物件におけるESG パフォーマンス向上のための「実行と計測」の２軸に大きく分かれている。両軸ともに50 以上の高評価を得ると「Green Star」の称号を獲得でき、とくに優れたスコアを収めた企業は「Sector Leader」の称号を獲得できる。また、総合評価のグローバル順位によって、５ star（参加企業の上位20%）から１ star（参加企業の下位20%）までの５段階で評価される。

GRESB は機関投資家による投資先判断の指標としても活用されており、J-REIT の多くが参加しているほか、最近では大手ディベロッパーや私募REIT・私募ファンドの参加も進んでいる[16]。また、海外のREIT では、サ

13) Leadership in Energy and Environmental Design
14) Building Research Establishment Environmental Assessment Method
15) Global Real Estate Sustainability Benchmark
16) 堀江隆一「パリ協定・SDGs を実現するESG 投資の潮流と不動産セクター－ GRESB によるインテグレーションとインパクト投資への進展－」季刊不動産研究62 巻３号７頁（2020）。

ステナビリティ・リンク・ローン（第7章参照）におけるSPTsとしてGRESBが活用される事例も既に存在しており、J-REITにおいても今後同様の事例が登場する可能性について示唆されている[17]。GRESBの評価は今後も不動産投資に影響を与えると考えられる。

4 不動産取引等におけるESG要素への配慮の取組み

(1) 賃貸借取引における取組み（グリーンリース）

ア グリーンリースとは何か

国土交通省が2016年2月に公表した「グリーンリース・ガイド」によれば、グリーンリースとは、「オーナー（以下、所有者のほか、マスターレッシーを含む。）とテナントが協働し、不動産の省エネ等の環境負荷の低減や執務環境の改善について契約や覚書等によって自主的に取り決め、取り決め内容を実践することをいう」とされている。当該取り決めに当たって締結される賃貸借契約のことをグリーンリース契約という。

グリーンリースの具体的な取組み内容としては、環境性能の高い設備機器の導入（設備改修）のほか、エネルギー使用量等の情報を当事者間での共有や、エネルギー削減に向けた協力体制の確立（運用改善）等が挙げられ、オーナーとテナントの双方にメリットがあるWin-Winの関係[18]を実現する賃貸借契約として日本でも広がりを見せている。

オーナー側のメリットとしては建物の維持管理コストの削減や、不動産価値の向上、グリーンビルディング認証の取得・維持等が挙げられ、テナント側のメリットとしては光熱費等の削減や、執務環境の改善による従業員の生産性の向上等が挙げられる。グリーンリースに関しては、環境省や国土交通省による補助金制度も整備されている。また、グリーンリースを実施するに際して既存の建物がグリーンビルディングである必要はなく、むしろ、そのようなESG施策が講じられていない建物こそ、グリーンリースによる環境改善効果が見込まれる点も指摘されている[19]。

17）堀江・前掲（注16）9頁。

18）「不動産鑑定評価におけるESG配慮に係る評価に関する検討業務報告書」（国土交通省不動産・建設経済局、2021）35頁において、①細かい調節が可能な照明や空調設備の導入による各人の適切な照度・温度設定は、執務環境を改善させ、オフィスワーカーの健康や快適性向上に寄与し、ひいてはコスト削減とともに不動産価値の向上にも資すると期待されている、さらに、②グリーンリースは、改正省エネ法や東京都環境保護条例等の法令で定められたエネルギー消費量・CO2排出量削減に寄与する、加えて、③グリーンリースは、環境意識が高い企業としてのイメージアップにつながると期待されるほか、ビルオーナー・テナントとの間に対話が生まれ、双方の関係性の構築・深化に役立つ、といった点が指摘されている。

グリーンリース契約には定型化された書式はなく、その内容は当事者間の合意により自由に決定することが可能だが、以下では一般的なグリーンリース契約の類型と、各類型において規定される内容を説明する。

イ　グリーンリース契約の類型および具体的内容

（ア）設備改修型のグリーンリース

設備改修型のグリーンリースとは、オーナーが実施する省エネ改修投資によってテナントが負担する光熱費等が削減された場合に、テナントが削減できた費用の一部をグリーンリース料としてオーナーに還元する取組みを指す。テナントは、グリーンリース料をオーナーに支払ってもなお改修前よりも光熱費等の負担額を軽減することができ、オーナーは、改修に要したコストの全部ないし一部をグリーンリース料としてテナントから回収することができるため、当事者双方にメリットがある仕組みとなっている。

グリーンリース料の設定方法としては定額制（一定額とする方法）、削減連動制（改修による光熱費等の削減分の一定割合とする方法）、従量制（実際の光熱費等の使用実績に応じた金額とする方法）等が考えられる。

実務上は、光熱費等の削減効果が当事者双方にとって明白なLED照明機器や空調機器等の改修について、設備改修型のグリーンリースが用いられることが多い。また、本類型においても、改修した設備を適切に運用する必要があることから、後述の運用改善型のグリーンリースの内容が含まれることが一般的である。

（イ）運用改善型のグリーンリース

運用改善型のグリーンリースとは、当事者間の省エネ・環境配慮・原状回復における協力に関する取組みをいい、環境性能向上に向けた情報共有等の協力を明文化するものを指す。

実務上は、国土交通省の「グリーンリース・ガイド」に記載されている条項雛型[20)]の文言を用いる例が多く、具体的には、当事者間で物件に関する電気・ガスその他燃料の消費量等に関するデータを共有する旨や、テナントが設置した省エネ設備については原状回復義務を免除する旨等が規定されることが多い。また、当事者間で既存の賃貸借契約が存在する場合には当該契約の覚書として締結され、新規に賃貸借契約が締結される場合には当該契約内で運用改善のグリーンリースについて規定しておくことが多い。

19）「グリーンリース・ガイド」（国土交通省、2016）44頁。
20）https://www.mlit.go.jp/common/001206905.pdf（2021年10月15日最終閲覧）

⑵ 不動産の維持管理における取組み

「不動産分野TCFD対応ガイダンス」の下では、エネルギー削減目標について定量的な分析を行った上で、その内容を開示することが推奨されている。エネルギーの削減手段としては、再生可能エネルギーの導入、物件の入替え、国と電力事業者との間のエネルギーミックス（排出係数の低下）等の様々な手段が考えられるが、既存建物の改修は将来的なシナリオが見通しやすいという点からも望ましい手段であると考えられる。[21] また、最近では、一般社団法人環境不動産普及促進機構（Re-Seed機構）が担っている耐震・環境不動産形成促進事業においても、改修後の建物における環境認証においてCASBEEのA以上を達成する案件やエネルギー消費量が15％以上削減される案件などへの官民投資を行っている。

不動産のESG性能を向上させるための改修を行うに際しては多額の資金が必要になるが、そのための資金調達の手段としては、改修工事資金のファイナンス（またはそのリファイナンス）を資金使途としたグリーンボンドの発行や、設備改修型のグリーンリースによるグリーンリース料の徴求が考えられる。[22]

グリーンボンドの発行により改修資金を調達する場合、その債券自体または当該債券の発行の基礎となる発行プログラム自体が、国際資本市場協会によるGreen Bond Principles（GBP）等の定める4つの核となる要素に適合している必要がある（第7章参照）。この点、適格クライテリアの定め方としては、資金が充当される改修工事完了後の建物についての具体的なエネルギー削減目標や（付与されている）環境認証のランク向上等が挙げられる。

また、最近では50％以上の省エネ達成と同時に屋上で太陽光発電をすること等によりZEB（Zero Energy Building）[23] やそれに準じたNearly ZEBを達成しようとする取組みも進められているようである。

21）小林英樹「REIT運用とサステナビリティ―サステナビリティと収益性の両立」季刊不動産研究62巻3号23頁（2020）。
22）堀江・前掲（注16）6頁、マイケル・ブルックスほか「ESG投資と不動産証券化～SDGsの描く未来とは～」ARES不動産証券化ジャーナル50号31頁〔小林発言〕（2019）。
23）快適な室内環境を実現しながら、建物で消費する年間の一次エネルギーの収支をゼロにすることを目指した建物を指す。

5 不動産分野におけるESG情報の開示

(1) 概要

不動産業界におけるESG情報の開示については、決算説明資料、有価証券報告書、CSR報告書等の媒体で実施されることが多い。

そこでの開示内容は各社において工夫がなされているものの、共通して、保有資産の環境性能等（Eの観点からの開示）、テナント満足度の開示（Sの観点からの開示）、（主にJ-REITの場合）資産運用報酬体系、スポンサーによる投資口の保有（セイムボート出資の状況）や利益相反体制についての開示（Gの観点からの開示）等がなされている。

なお、上記の各開示内容は、定性的な事実の開示に留まるものが多いと思われるものの、保有資産におけるエネルギー削減目標や温室効果ガス排出削減目標を示すなど、より踏み込んだ開示をしている例もある。とくに、かかる目標数値が有価証券報告書や有価証券届出書等の法定開示書類に記載された場合で、記載時点における合理的な根拠が伴わないようなケースにおいては（なお、最近では、第三者機関による評価書を取得している例もあるようである。）、虚偽記載等により金商法上の法定責任を負う可能性もある点に留意が必要である（第5章参照）[24]。

また、ESG情報についての開示内容のみではなく、開示を行うための態勢（例えば、地震や火災等の自然災害が発生した場合に、被害状況や改善の目途についてプレスリリースでの開示を速やかに行うといった態勢）の整備も今後は重要となってくるように思われる[25]。

(2) 近時の動向

ア TCFD提言

気候関連財務情報開示タスクフォースの提言（TCFD提言）に関しては、第5章等においても触れてきたが、不動産に関しては、2021年3月に、不動産分野におけるESG-TCFD実務者WGより「不動産分野における『気候関連財務情報開示タスクフォースの提言』対応のためのガイダンス（不動産分野TCFD対応ガイダンス）」が公表された。これは、①アセットが固定的である、②長期の事業サイクルが想定されている、③ステークホルダーが多い、④用途や種類が多様である、⑤（実物取引のみではなく）金

24）念のため付言すると、任意的な開示の媒体が利用されている限りその開示内容の虚偽等について法的責任が生じない、という趣旨ではない。

25）マイケル・ブルックスほか・前掲（注22）31頁。

融商品としての側面も併せ持っているといった不動産の特徴を踏まえて、TCFD提言の内容を敷衍するものである。

TCFD提言においては、企業による年次報告書の作成と報告のプロセスの一環として、政策・法規制リスクや技術リスクなどの低炭素経済への「移行リスク」や気候変動による台風・洪水や海面上昇などの「物理的リスク」についての開示を行うことに加えて、省エネルギー・再生可能エネルギー導入などの「機会」に関する開示を行うことが求められている。そして、とくに基礎項目のうち戦略についてこれらの事項を開示するに際しては、複数のシナリオを踏まえたシナリオ分析（企業の事業環境における不確実な将来に対して、シナリオを一つに絞るのではなく、様々なシナリオを想定することによって、不確実性を前提とした経営上の意思決定を行う手法）が求められる。

イ　EUタクソノミーの策定とその影響

2020年6月にEUタクソノミー・レギュレーション（EUタクソノミー）が公表されて以降、EU域内において環境面におけるサステナブルな経済活動（グリーンな経済活動）を分類するための取組みが進められている。なお、EUタクソノミーについては、EU域内でその運用する商品を販売する資産運用会社等にも適用される点に留意が必要である。[26]

これらの資産運用会社等にEUタクソノミーが適用される場合、当該資産運用会社等がEU域内で販売する運用商品について、①EUタクソノミーの定める6つの環境目標（(a) 気候変動の緩和、(b) 気候変動への適応、(c) 水資源や海洋資源のサステナブルな使用・保護、(d) サーキュラーエコノミーへの意向、(e) 汚染、(f) 生物多様性および生態系の保護・回復）のうち、いずれの環境目標につき実質的に貢献するのか、②貢献する環境目標以外の環境目標に対して重大な損害をもたらさないか否か、③最低限の条項（OECD多国籍企業行動指針、国連ビジネスと人権に関する指導原則等）を遵守しているか、④科学的根拠に基づいた一定の技術スクリーニング基準に準拠しているかが確認され、その運用商品がグリーンか否かが判定されることになる。[27] その上で、ポートフォリオに占めるグリーンな運用商品等の割合を開示する必要がある。[28]

26) 鈴木利光・藤野大輝「EUのサステナブル・ファイナンスを巡る規制動向～EUタクソノミー、SFDR、NFRDを中心に～」『企業法制の将来展望―資本市場制度の改革への提言―2021年度版』31頁（資本市場研究会、2020）。
27) 鈴木ほか・前掲（注26）17頁、加藤俊治「EUサステナブルファイナンスの動向と日系企業への影響」旬刊経理情報31頁（2021）。

なお、これらの資産運用会社等は、EU金融機関等のサステナビリティ開示規制（SFDR：EU Regulation on Sustainability-related Disclosures in the Financial services sector）も適用され、その取り扱う運用商品が「サステナブル投資」に該当するかといった情報を「契約前開示」および「定期報告」という形で開示する必要があるが、EUタクソノミーへの適用状況についても、これらの開示フォーマットに即する形で行う必要がある。[29)]

投資家の目線を踏まえると、EU域内の投資先企業に対してはEUタクソノミーを投資尺度の一つとして利用することが考えられるが、EU域外の投資先企業に対しても独自の投資尺度としての利用がなされる可能性があり得る点も指摘されている。[30)]

6 不動産投資の文脈におけるグリーンファイナンス

(1) グリーンボンド

グリーンボンドを発行することで、発行体がESG施策に力を入れているという点を強調することができ、また、投資家層の厚みが拡がる可能性もあるということ等を踏まえて、J-REIT等では積極的にグリーンボンドの発行がなされている。以下では、J-REITおよびインフラファンド（以下「J-REIT等」と総称する。）がグリーンボンドを発行する際の留意点について説明する（グリーンボンド全般については第6章参照）。

J-REIT等が発行を予定している債券が「グリーンボンド」と評価されるためには、その債券自体または当該債券の発行の基礎となる発行プログラム自体が、GBPの定める4つの核となる要素（①調達資金の使途、②プロジェクトの評価と選定のプロセス、③調達資金の管理、④レポーティング）に適合していなければならない。

まず、①調達資金の使途について確認する。グリーンボンドは、その調達資金を適格なグリーンプロジェクトに充当するものでなければならない。この点、GBPは、適格なグリーンプロジェクトの例として、「再生可能エネルギー（発電、送電、装置、商品を含む。）」や「地域、国または国際的に認知された標準や認証を受けたグリーンビルディング」等を挙げている。そのため、J-REIT等が債券発行による調達資金を再生可能エネルギー発電設備やグリーンビルディングの取得に用いる場合（またはこれらの資産

28）鈴木ほか・前掲（注26）27頁、加藤・前掲（注27）32頁。
29）鈴木ほか・前掲（注26）27・40頁。
30）加藤・前掲（注27）33頁。

の取得のための借入金の返済のために用いる場合）には、①の要件は満たされる。

次に、②プロジェクトの評価と選定のプロセスおよび③調達資金の管理について確認する。J-REIT等の発行するグリーンボンドの資金使途として上記資産の取得（またはこれらの資産の取得のための借入金の返済）が想定されていることを踏まえると、②としては、取得を予定している資産の選定プロセスを示すことで足り、③としては、調達資金がこれらの資産の取得（またはこれらの資産の取得のための借入金の返済）に充当されるという点が示されていれば足りるように思われる。

最後に、④レポーティングについて確認する。グリーンボンドの発行体は、資金使途に関する最新の情報を継続的に開示すること、および、全ての調達資金の充当が完了するまで資金の充当状況について年次の更新が求められる。多くの場合、J-REIT等のHPにおいて、グリーンボンドの残高や調達資金の充当状況が開示されている。

なお、GBPでは、グリーンボンドの発行体は、その発行する債券または発行プログラムがGBPの定める4つの核となる要素に適合していることを確認するために、外部評価を付与する第三者機関を任命することが推奨されている。第三者機関の任命・外部評価の取得といったプロセスを経ていなければ、投資家にとって投資が困難であるといった事情はあるように思われ、かかるプロセスの履践が事実上必要とされている。

⑵　グリーンエクイティ

現時点において、エクイティ発行のような資本性の資金調達について、GBPに相当するグリーン性の評価に関する原則・指針は存在しない。しかし、ESG施策をアピールし、投資家層の拡大を図る目的でGBPの定める4つの核となる要素に適合する形でエクイティを調達し、これをグリーンエクイティやグリーンエクイティ・オファリングと呼ぶ実務が登場している。

もっとも、債券の場合は、GBPを始めとしたグリーン性の評価に関する原則・指針が存在するため、発行される債券自体の当該原則・指針への適合を判断することができるものの、エクイティの場合には同様の手法をとることができない。そのため、グリーンエクイティについては、発行体がGBPの定める4つの核となる要素に適合する形でエクイティ調達を含めた発行プログラムを策定し、当該プログラムに依拠して発行されたエクイティをグリーンエクイティとして扱うこととなる。なお、当該プログラム自体について第三者機関の任命・外部評価の取得は必須ではないものの、事実上、かかるプロセスの履践が必要である点は、グリーンボンドの場合と同様である。

なお、ボンド等のデット性の有価証券が発行ごとに銘柄・回号が付されて区別されるのとは異なり、エクイティ性の有価証券である投資口は、流通市場においては単一の銘柄であるため、新規発行時にGBPの定める4つの核となる要素への適合性を確認したとしても、ひとたび流通市場に回ると既発行の投資口と区別することができないという特徴がある。この点は、投資対象の全てがグリーン適格性を満たし得る再エネ発電設備を投資対象とするインフラファンドよりも、グリーン適格性を満たさない不動産も投資対象に含むことが通常であるJ-REITの場合のほうがより問題となる。かかる事情を背景に、グリーン性を満たす投資口を発行しようとする際には、（既発行の投資口も含めて）エクイティ全てをグリーンエクイティと位置付けるのか、当該資金調達に限定してグリーン性が認められるものとして位置付けるのかに関する検討が必要となり、その両者のいずれであるのかについて明確な開示が求められる。また、上記のとおり、現時点においてはグリーン性の評価に関する原則・指針が存在するものではないこと等も開示することが求められよう。

なお、グリーンエクイティ（またはグリーンエクイティ・オファリング）の場合も、具体的な調達のプロセスはグリーンボンドを発行する場合と同様である。

執 筆 者 紹 介

梅津　英明（うめつ　ひであき）　第９章　担当
森・濱田松本法律事務所　パートナー弁護士
2003年東京大学法学部卒業、2004年弁護士登録。2009年シカゴ大学ロースクール修了、2010年ニューヨーク州弁護士登録。
日本企業による海外M&A・海外進出、海外ガバナンス・コンプライアンス、海外危機管理、国際通商法、「ビジネスと人権」等を専門とする。
主な著書・論文として、「M&Aのデューデリジェンスにおける人権の視点」（ビジネス法務 Vol.21 No.5、2021年）、「Getting the Deal Through - Sanctions 2021 - Japan Chapter」（2021年、共著）、「金融機関のグローバルコンプライアンス」（金融・商事判例 No.1586、2020年、共著）、『変わるM&A』（日本経済新聞出版社、2018年、共著）など多数。

佐伯　優仁（さえき　まさひと）　第11章　担当
森・濱田松本法律事務所　パートナー弁護士
2004年東京大学法学部卒業、2005年弁護士登録。2011年コロンビア大学ロースクール修了、2012年ニューヨーク州弁護士登録。
REIT・上場インフラファンド業務及び不動産その他の資産の流動化・証券化業務を中心にファイナンス分野を幅広く手掛ける。インフラファンド・J-REITの上場案件に多数関与する。シンガポールREIT及びビジネス・トラストによる日本の不動産・事業資産への投資案件にも関与する。
主な著書・論文として、「不動産・インフラ投資とESG」（ARES不動産証券化ジャーナル Vol.61、2021年、共著）、「インフラファンド市場への上場に係る実務上の留意点」（旬刊商事法務 No.2105、2016年、共著）、「シンガポールREIT及びその運用会社に適用される規制枠組の強化」（ARES不動産証券化ジャーナル Vol.31、2016年）、『不動産投資法人（Jリート）設立と上場の手引き〔第３版〕』（不動産証券化協会、2016年、共著）、「Jリートの海外不動産投資」（ARES不動産証券化ジャーナル Vol.26、2015年、共著）、「シンガポールREIT（S-REIT）の上場及び日本の不動産組入の実務」（ARES不動産証券化ジャーナル Vol.10、2012年）など多数。

末廣　裕亮（すえひろ　ゆうすけ）　第７章　担当
森・濱田松本法律事務所　パートナー弁護士
2006年東京大学法学部卒業、2007年弁護士登録。2013年シカゴ大学ロースクール修了、2013年Morgan, Lewis & Bockius法律事務所（ニューヨークオフィス）にて執務（～2014年）、2014年ニューヨーク州弁護士登録。
バンキング取引一般に豊富な経験を有し、LBOファイナンス、ABL、プロジェクト・ファイナンス、その他ストラクチャード・ファイナンス分野において、多数の先駆的な案件に関与してきた。近時は、ESG投融資に関する相談についても取り扱う。IFLR1000's 31st editionのRising Star Partner（Project finance）等、受賞多数。

主な著書・論文として、「サステナビリティ・リンク・ローンの概要と活用ポイント」（旬刊経理情報 No.1611、2021年）、『インフラ投資』（日経BP、2019年、共著）、『重要論点　実務 民法（債権関係）改正』（商事法務、2019年、共著）など多数。

田井中　克之（たいなか　かつゆき）　第6章　担当
森・濱田松本法律事務所　パートナー弁護士
2004年東京大学法学部卒業、2006年東京大学法科大学院修了、2007年弁護士登録。2013年ペンシルバニア大学ロースクール修了、2014年ニューヨーク州弁護士登録。一種証券外務員資格取得。公益社団法人日本証券アナリスト協会検定会員。
資本市場を通じた資金調達案件を幅広く取り扱う。近時は、ディスクロージャーやファイナンスを起点としてSDGsやESG情報開示の実務の深化にも注力している。所属事務所のESG・SDGsプラクティスグループを主宰。主な著書・論文として、" The Challenges of standardising green bonds in Japan"（IFLR ESG Asia Report 2021、共著）、「早わかり　ESGトピックス」（旬刊経理情報、2021年7月より連載）など多数。

近澤　諒（ちかさわ　りょう）　第1章、第2章　担当
森・濱田松本法律事務所　パートナー弁護士
2007年東京大学法学部卒業、2008年弁護士登録。2016年ペンシルバニア大学ロースクール修了、2017年ニューヨーク州弁護士登録。
M&A／企業再編、アクティビスト対応、コーポレート・ガバナンスなどを取り扱う。
主な著書・論文として、「[企業買収実務研究会報告（19）] わが国におけるイベント・ドリブン型CVR導入の可否（上）・（下）」（金融・商事判例 No.1540・1541、2018年、共著））、『変わる株主総会』（日本経済新聞出版社、2018年、共著）、「[ESGと商事法務（1）] ESGと株主対応」（旬刊商事法務 No.2255、2020年）、「ESGと商事法務（補遺）エクソン・モービルにおけるESGアクティビズムとその教訓」（旬刊商事法務 No.2265、2021年）など多数。

邉　英基（べん　ひでき）　第3章　担当
森・濱田松本法律事務所　パートナー弁護士
2007年慶應義塾大学法学部卒業、2008年弁護士登録。2014年ミシガン大学ロースクール修了、2015年ニューヨーク州弁護士登録。2014年～15年Gibson,Dunn & Crutcher法律事務所（ロサンゼルス市）にて執務。2015年～18年法務省民事局に出向（会社法担当）。
M&A／企業再編、アクティビスト対応、コーポレート・ガバナンスなどを取り扱う。
主な著書・論文として、『新・会社法実務問題シリーズ5　機関設計・取締役・取締役会〔第2版〕』（中央経済社、2021年、共著）、『会社補償 Q&Aとモデル契約』（商事法務、2021年）、『Before/After 会社法改正』（弘文堂、2021年、共編著）、『一問一答　令和元年改正会社法』（商事法務、2020年、共著）、『事例

でわかるインサイダー取引』（商事法務、2013年、共著）、『事例分析からみた上場会社法制の現状―上場会社投資と資本政策―』（商事法務、2011年、共著）など多数。

高宮　雄介（たかみや　ゆうすけ）　第10章　担当

森・濱田松本法律事務所　パートナー弁護士

2005年東京大学法学部卒業、2008年弁護士登録。2016年ニューヨーク大学ロースクール修了、2017年ニューヨーク州弁護士登録。

独占禁止法／競争法分野を中心に、下請法、景表法等の消費者保護法、贈収賄規制、通商法、及びコンプライアンス全般に関する助言を広く提供している。

主な著書・論文として、「サステナビリティへの取組みと独禁法・競争法―諸外国及び日本の動向を踏まえた企業の事業活動への示唆（NBL No.1200、2021年、共著）、「米国司法省による問題解消措置マニュアルの改訂」（旬刊商事法務 No.2250、2020年）など多数。

宮田　俊（みやた　すぐる）　第5章　担当

森・濱田松本法律事務所　パートナー弁護士

2005年東京大学法学部卒業、2007年東京大学法科大学院修了、2008年弁護士登録。2014年ニューヨーク大学ロースクール（LL.M.）修了、2015年ニューヨーク州弁護士登録。

キャピタル・マーケッツでの豊富な実務実績と証券取引等監視委員会での経験を活かし、エクイティ・ファイナンス、危機管理（不正会計・不公正取引）、金融レギュレーション・Fintechの3つの専門性を提供する。

主な著書・論文として、「『サステナビリティ』をめぐる改訂CGコード原則の解説と課題への取組み」（ビジネス法務 Vol.21、2021年）、「インサイダー取引に関する留意点 ～最新の動向を踏まえて～」（月刊監査役 No.723、2021年）、「The challenges of standardising green bonds in Japan」（IFLR 2021年、共著）、「ESGと開示」（旬刊商事法務 No.2257、2021年）、「暗号資産取引、STOとその不正」（金融法務事情 No.2144、2020年、共著）、「記述情報開示の充実に係る法的論点と実務対応」（商事法務 No.2218、2019年、共著）、『上場株式取引の法務〔第2版〕』（中央経済社、2019年、共著）、『金融商品取引法 ― 公開買付制度と大量保有報告制度編』（商事法務、2017年、共著）など多数。

松田　悠希（まつだ　ゆうき）　第7章　担当

森・濱田松本法律事務所　パートナー弁護士

2009年東京大学法学部卒業、2010年弁護士登録。2018年バージニア大学ロースクール修了、2019年ニューヨーク州弁護士登録。

LBOファイナンスを基軸とし、バンキング、流動化・証券化、不動産投資、PPP／PFI／コンセッション等、国内外の銀行取引・金融取引全般を幅広く取り扱う。近時は、ESG融資／サステナブル・ファイナンスなどの領域でも積極的にアドバイスを行う。

主な著書・論文として、「LBOファイナンスにおける保全のメカニズム―全資産担保の実務とシニア・メザニン間の利益調整の仕組みを中心に」（金融法務事情 No.2127、2019年）など多数。

今仲　翔（いまなか　しょう）　第８章　担当

森・濱田松本法律事務所

2007年東京大学法学部卒業、2009年東京大学法科大学院修了、2010年弁護士登録。2016年コロンビア大学ロースクール修了、2017年ニューヨーク州弁護士登録。2021年１月パートナー弁護士就任。

M&A／企業再編、コーポレート・ガバナンスなどを取り扱う。

主な著書・論文として、「［企業買収実務研究会報告（19）］わが国におけるイベント・ドリブン型CVR導入の可否（上）・（下）」（金融・商事判例 No.1540・1541、2018年、共著）、「［［ESGと商事法務（3）］ESGとM&A」（旬刊商事法務 No.2258、2021年）、「海外M&AにおけるPMI及びグローバルガバナンスの実務」（MARR（Mergers & Acquisitions Research Report）No.319、2021年）、など多数。

松村　謙太郎（まつむら　けんたろう）　第４章　担当

森・濱田松本法律事務所　シニア・アソシエイト弁護士

2008年東京大学法学部卒業、2010年東京大学法科大学院修了、2011年弁護士登録。2015年〜2017年に経済産業省経済産業政策局産業組織課にて勤務。

役員報酬をはじめとするコーポレート・ガバナンス、株主総会対応、M&A／企業再編などを取り扱う。

主な著書・論文として、「取締役のインセンティブ報酬」（月刊監査役 No.727、2021年）、「指名・報酬に関する任意の諮問委員会の最新動向」（資料版商事法務 No.441、2020年、共著）、『指名諮問委員会・報酬諮問委員会の実務〔第２版〕』（商事法務、2019年、共著）、「役員のインセンティブ報酬に関する法務・税務の最新動向―平成30年における全体概要と利用傾向―」（週刊税務通信 No.3506、2018年）など多数。

福田　剛（ふくだ　たけし）　第２章　担当

森・濱田松本法律事務所　シニア・アソシエイト弁護士

2010年東京大学法学部卒業、2012年東京大学法科大学院修了、2013年弁護士登録。2018年ハーバード大学ロースクール修了、2019年ニューヨーク州弁護士登録。

M&A／企業再編、アクティビスト対応、コーポレート・ガバナンスなどを取り扱う。

主な著書・論文として、「＜企業買収実務研究会＞〔企業買収実務研究会報告（17）〕トップ・アップ・オプションの法的枠組みと我が国への導入可能性（上）・（下）」（金融・商事判例 No.1481・1482、2016年、共著）、『コーポレートガバナンス・コードの実務〔第２版〕』（商事法務、2016年、共著）、『日本の公開買付け―制度と実証』（有斐閣、2016年、共著）、『会社・株主間契約の理論と実務―合弁事業・資本提携・スタートアップ投資』（有斐閣、2021年、共著）、「アクティビスト株主派遣取締役の最新実務―米国の実務と日本法の下での法的考察―」（旬刊商事法務 No.2259、2021年）など多数。

山本　義人（やまもと　よしと）　第11章　担当
森・濱田松本法律事務所　シニア・アソシエイト弁護士
2010年東京大学法学部卒業、2013年弁護士登録。2017年SMBC日興証券株式会社第五投資銀行部に出向（～2018年）。2020年バージニア大学ロースクール修了。
J-REITや上場インフラファンドの公募増資や国内外の事業会社の資金調達案件を中心とするファイナンス業務を専門とし、金融規制分野、不動産投資案件や観光関連業務等の関連領域も広く取り扱う。
主な著書・論文として、『投資信託・投資法人の法務』（商事法務、2016年、共著）、『ガイダンス　インバウンド・観光法』（商事法務、2019年、共著）など。

足立　悠馬（あだち　ゆうま）　第9章　担当
森・濱田松本法律事務所　シニア・アソシエイト弁護士
2013年慶應義塾大学法学部法律学科卒業、2014年弁護士登録。2019年Sullivan & Cromwell法律事務所（NewYorkオフィス）にて執務（～2020年）。
M&A／企業再編、コーポレート・ガバナンスなどを取り扱う。
主な著書・論文として、『アジア新興国のM&A法制〔第2版〕』（商事法務、2016年、共著）、『資本業務提携ハンドブック』（商事法務、2020年、共著）など。

森・濱田松本法律事務所 ESG・SDGs プラットフォーム

森・濱田松本法律事務所 ESG・SDGs プラットフォームでは、様々な業務分野を専門とする所属弁護士が英知を結集することにより、企業、投資家、自治体などのクライアントに対して、ESG・SDGs やサステナビリティ全般に関する助言を提供しています。

ESGと商事法務

2021年12月16日　初版第1刷発行

編著者　森・濱田松本法律事務所
ESG・SDGsプラットフォーム

発行者　石 川 雅 規

発行所　株式会社 商 事 法 務

〒103-0025 東京都中央区日本橋茅場町3-9-10
TEL 03-5614-5643・FAX 03-3664-8844〔営業〕
TEL 03-5614-5649〔編集〕
https://www.shojihomu.co.jp/

落丁・乱丁本はお取り替えいたします。　印刷／そうめいコミュニケーションプリンティング

Shojihomu Co., Ltd.

ISBN978-4-7857-2912-7

＊定価はカバーに表示してあります。